KB177590

아침이 달라지는
저녁 루틴의 힘

설레는 하루를 만드는 똑똑한 저녁 사용법

아침이 달라지는
저녁 루틴의 힘

류한빈 지음

📖 동양북스

저녁 루틴이 (없는) 하루

07:00	08:00	09:00	19:00

저녁 루틴이 (있는) 하루

07:00	08:00	09:00	19:00

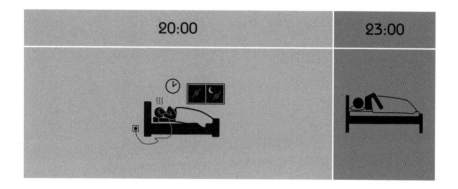

차례

| PART 1 |

"월화수목금,
평일은 일만 하는 날?"
일주일의 루틴을 바꾸는 4가지 질문

| PART 2 |

"저녁이 달라지자
아침이 달라졌다"

저녁 시간을 통해 얻은 4가지 선물

| PART 4 |

"하루를 두 배로 만드는
시간 관리법"

저녁 루틴 만들기 2단계, 시간 관리

| PART 5 |

"내 몸이 알아서
움직이게 만드는 루틴 공식"

저녁 루틴 만들기 3단계, 루틴 관리

| PART 6 |

"아무것도 하기 싫을 땐 딱 하나만 해라"

흔들리는 루틴을 지키는 6가지 위기 대처법

오후 6시부터 시작하는
새로운 하루

특별한 일이 없으면 나는 무조건 정시에 퇴근을 한다. 물론 한 달에 한두 번 정도는 예상치 못한 일이 생겨 야근을 하지만 무의미하게 일을 미루거나 주변의 눈치를 보느라 야근하지 않으려고 한다. 나를 위한 또 하나의 하루가 기다리고 있기 때문이다.

대부분의 사람들은 퇴근을 하면, 오늘 하루 수고한 나를 위해 끝내주는 휴식을 선물할 것이다. 예를 들면, 끝내주게 숨 쉬고, 끝내주게 누워 있기. 몇 년 전만 해도 나 역시 그랬다. 학생 때는 나도 퇴근 후에 운동도 하고 자기계발도 좀 하고 맥주 한잔으로 하루를 마무리하는 직장인의 모습을 꿈꿨다.

그러나 막상 직장인이 되고 나니 내 역할을 제대로 해내야 한다는 막중한 책임감, 체력적 소모, 정신적 소모는 상상 이상이었다. 직장 생활 일 년차 때는 모든 선배들이 나를 주시하고 있는 기분이라, 숨만 크게 쉬어도 혼날 것 같은 압박감 속에서 9시간을 겨우 버티고 퇴근했다. 집에 오면 저녁을 먹을 힘도 없었다. 시체놀이만 하다가 겨우 잠들고, 방금 눈을 붙인 것 같은데 날카롭게 울리는 알람 소리에 눈물을 흘리며 일어나 다시 출근 준비를 했다.

이렇게 출퇴근을 반복하는 생활을 한 달 정도 지속하니 스스로가 일하는 기계처럼 느껴졌다. 어느 순간 이건 뭔가 정상적이지 않다는 생각이 들었다. 나를 잃어버릴 것만 같았다. 직장인으로서의 내가 아닌, 나다운 나로 사는 시간이 절실하게 필요했다. 하지만 당장 일을 그만둘 수는 없었다. 그래서 나는 퇴근 후의 시간을 의미 있는 시간으로 바꿔보자고 생각했다.

시작은 코인 노래방과 서점 나들이

그러나 이미 일터에서 에너지를 모두 소진하고 나서 집에 와서 다시 무언가를 하려고 시도하는 건 정말 힘든 일이었다. 나는 일단 무엇이 됐든, 퇴근 후에도 할 수 있다는 것을 스스로에게 증명하고 싶었다. 나는 일단 일이 끝나고 바로 집으로 가지 않기 시작했다. 처음에는 혼자 코인 노래방에 가서 노래라도 몇 곡 부르고 집으로 갔다. 남들이 보면 우스울지 몰라도 하루 중 아주 작은 시간이라도 좋아하는 일로 보내기 위한 몸부림 같은 거였다. 그런데 놀랍게도 몸이 조금씩 풀리면서 퇴근 후에도 뭔가를 할 수 있겠다는 용기가 생겼다.

그다음에는 퇴근길에 있는 서점에 매일 들렀다. 처음 시도한 나만의 퇴근 후 루틴이었다. 15분 정도 책이나 예쁜 문구류를 쓱 구경하고 집에 바로 들어가기만 해도 뭔가 하루가 다르게 채워지는 것 같아 기분이 좋아졌다. 그러다 책을 사기도 했고, 카페에 가서 책을 1시간 읽기도 했고, 심지어 업무와 관련된 자료들을 찾아 읽기도 했다.

동물은 언제나 처한 상황에 적응한다는 말이 실감이 났다. 그렇게 점점 퇴근 후의 시간을 좋아하는 일과 자기계발에 투자하는 것에 익숙해지고 나니, 이제 저녁 시간을 완전히 내 것으로 만들 수 있었다. 그러다 마침 대학 시절 함께 연극 공연을 했던 극단 대표님이 공연을 해보지 않겠느냐는 제의를 해 일 년차 막바지에는 연극 공연까지 했다. 무려 두 달 동안이나 퇴근하자마자 극단 연습실에 가서 10시까지 연습하고 귀가하는 생활을 반복했다. 열흘간의 공연을 무사히 끝내고 나니 이제 퇴근 후에 무슨 일을 하든지 버틸 수 있겠다는 자신감이 생겼다. 그 순간부터 저녁 시간은 온전히 나를 위한 시간이 되었다.

퇴근 후 시작하는 두 번째 하루

나는 퇴근을 하면 집에서 두 번째 하루를 시작한다. 예전 같으면 밥 먹고 침대에 누워서 내일만 바라볼 그 시간에 유튜브에 올릴 영상을 편집하고, 업무 능력을 향상시킬 칼럼이나 논문 자료를 공부하고, 몇 년째 꾸준히 독서도 하고 있다. 최근에는 수어에 관심이 생겨 수어 강의까지 듣기 시작했다. 자기 직전에는 오늘 하루 매시간 기록한 플래너를 쭉 훑어보며 오늘은 어떤 시간에 집중을 잘했는지, 언제 무엇으로 시간을 허비했는지 살펴본다. 그리고 온라인에서 운영 중인 '매일 플래너 쓰기 모임' 대화방에 오늘 쓴 플래너를 올린다. 그리고 11시가 되면 내일을 위해 일찍 잠자리에 든다.

이것이 바로 나의 일반적인 저녁 루틴이다. 워낙 하고 싶은 것이 많아 때로는 연극배우로, 때로는 온라인 클래스 강사로 활동할 때도 있다. 광고용 영상을 만들거나, 연극 공연을 한다 거나, 온라인 클래스를 여는 등 장기 프로젝트를 맡게 될 때는 루틴에 약간 변화가 생기지만, 시간을 조금 더 촘촘하게 관리 할 뿐 정해진 루틴을 소홀히 하지는 않는다. 그렇기 때문에 프 로젝트가 끝나도 저녁 시간은 늘 '할 것'들로 가득하다. 나는 이렇게 퇴근 후에 새로운 하루를 시작한다. 하루를 이모작하 는 것이 나에게는 평범한 일상이 되었다.

'저녁'이라는 고정된 자유 시간

2004년 주 5일 근무제가 도입되면서 우리는 '주말'이라는 고 정된 시간을 확보하게 되었다. 그리고 2018년 주 52시간 근 무제가 도입되면서 우리에게는 '저녁'이라는 고정된 시간이 생겼다. 일하는 시간이 단축되면서 생활, 문화 환경은 물론 개 인의 가치관에도 큰 변화가 찾아왔다. 사람들은 하루 종일 일 에만 매진하느라 직업이 곧 나의 정체성이었던 생활에서 벗 어나, 일하는 시간 외의 나에 대해 생각하기 시작했다. 회사원 인 '나'가 아니라 개인으로서의 '나'는 어떤 일을 좋아하는지, 또 어떤 재능이 있는지 적극적으로 알아가고 있는 것이다. 마음대로 활용할 수 있는 시간이 늘어난 만큼 사람들은 좋아하고 잘하는 일을 퇴근 후에 즐길 수 있게 되었다.

하지만 여전히 퇴근 후에 특별히 뭘 해야 할지 몰라, 정시 퇴근을 한 날에도 야근을 하고 집에 온 사람처럼 멍하니 시간을 보내는 경우가 많다. 그냥 일찍 잠들기에는 아깝고, 뭔가를 하기에는 부담스러워 유튜브만 보다가 잠드는 사람들도 많을 것이다. 이 책은 바로 그런 사람들을 위한 내용으로 채워져 있다.

퇴근 후에 주어진 저녁 시간은 인생을 두 배로 살 수 있는 기회이자, 돈을 벌기 위해 억지로 하는 일이 아닌 내가 정말 좋아하는 일에 매진해볼 수 있는 시간이다. 워크-라이프 밸런스에서 '라이프'가 마냥 침대에 누워서 유튜브와 넷플릭스를 보며 뒹구는 것이 아닌 더 충만한 라이프가 되었으면 좋겠다고 고민하는 사람이 있다면, 그 누구보다 저녁을 알차게 보내고 있는 나만의 저녁 관리 노하우를 훔쳐가길 권한다. 적어도 시간이 아깝다는 생각은 들지 않을 것이다.

| PART 1 |

"월화수목금,
평일은 일만 하는 날?"

일주일의 루틴을 바꾸는 4가지 질문

알람 소리에 울면서 일어나 출근하고
퇴근하면 시체처럼 침대에 누워 있는 일상의 반복.
어느덧 내가 일하는 기계처럼 느껴졌다.
이건 정상이 아니라는 생각이 들었다.
나는 생각을 바꾸기로 했다.
저녁은 내일을 위한 시간이 아니라,
오롯이 나를 위한 오늘의 시간이다.

그 깨달음이 삶을 바꾸기 시작했다.

인생은 흘러가는 것이 아니라 채워지는 것이다.
우리는 하루하루를 보내는 것이 아니라
내가 가진 무엇으로 채워가는 것이다.

_ 존 러스킨

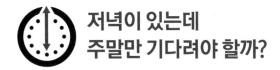

저녁이 있는데 주말만 기다려야 할까?

☑ 하루를 바라보는 새로운 시각

많은 사람들이 평일은 '출근하는 날', 주말은 '출근 안 하는 날'로 생각한다. 그리고 평일에는 두 가지 일만 한다. 일하기, 그리고 일하지 않는 주말 기다리기. 하지만 그토록 기다리던 주말이 돼도 딱히 하는 것은 없다. '방학만 되면 이것도 하고 저것도 해야지!' 다짐해놓고 막상 방학이 끝날 때쯤엔 한 게 없어 허무하던 학생 때처럼, '주말에 이것도 하고 저것도 해야지!' 다짐해놓고 막상 주말 동안 한 일을 돌아보면 특별히 한 게 없다.

나는 어느 날 생각했다. 평일을 출근하는 날, 주말을 출근 안 하는 날이라고 생각하는 것은 하루를 뭉뚱그려서 생각하기 때문이라고. 하루를 쪼개어 들여다보면 평일에도 24시간을 모두 일하는 것이 아니고 주말에도 24시간 내내 노는 것은 아니다. 그러나 사람들은 출근하는 평일에는 출근 전에도 퇴근 후에도 뭔가 할 수 있다고 생각하지 않는다. 이들에게 아침 시간은 눈 뜨면 서둘러 출근을 준비하는 시간이며, 저녁 시간은 지친 채로 집에 들어와 하루를 정리하는 시간이기 때문이다. 이처럼 평일의 존재 목적을 '일하는 날'로 한정하면 정말 24시간 내내 일하는 기분일 것이다.

나는 시간을 묶어서 보지 않고, 앞뒤로 멀리 보지 않고 순간순간에 집중하며 모든 순간을 확대해서 보기로 했다. 평일 24시간을 작게 쪼개면 회사에 있는 시간은 하루 24시간 중 휴게시간을 포함해도 9시간 남짓이며, 매일 7시간을 잔다고 해도 일하지 않는 시간만 8시간이다. 출퇴근에 걸리는 시간을 제하면 최소 매일 5~6시간은 일하지 않는 시간이다. 물론 이런저런 일 때문에 제하는 시간이 있다 해도 최소 매일 3~4시간은 확보할 수 있다. 결코 적은 시간이 아니다. 적어도 주말만을 기다리며 허비하기에는 아까운 시간이다. 2시간 뒤에 지하철을 타고 출근해야 하더라도, 출근하기 전의 지금 이 순간은 일하지 않는 순간이다. 6시까지 일하고 왔다고 해도, 퇴근 후 집에 도착한 지금 이 순간은 일하지 않는 순간이다. 시간을 묶어서 보지 않고 현재에 머물러 생각하면 시간을 길게 쓸 수 있다는 자신이 생긴다.

☑ 저녁에 더 많은 일을 할 수 있는 이유

나도 처음에는 하고 싶은 일을 하기 위해 주말 시간을 활용하려 했다. 유튜브에 올리는 영상들도 주로 주말에 편집을 했다. 간혹 주말에 다른 일이 있으면 평일 저녁에 편집을 하기도 했는데, 이런 패턴으로 영상 편집을 오래 하다 보니 재미있는 사실을 발견했다.

평일 퇴근 후에 보통 1시간 30분 정도를 영상 편집하는 데 쓴다. 이렇게 이틀 동안 퇴근 후에 작업하면 영상 하나가 완성된다. 그러면 영상 하나 편집하는 데 3시간 정도가 걸린다는 계산이 나온다. 그러니 산술적으로 하루 6시간 정도를 투자하면 영상 두 개를 만들 수 있어야 한다. 하지만 나는 주말 하루 동안 영상 두 개를 만들어본 적이 손에 꼽을 정도로 적다. 오히려 4시간, 5시간을 투자해도 영상 하나를 겨우 완성하기 바쁘다. 정말 평일과 주말의 시간은 다르게 가는 걸까?

어떤 일이든 집중력 있게 해내려면, 긴 통시간이 필요하다고 한다. 맞는 말이다. 일을 시작하고 가속도가 붙어 몰입 상태까지 이르기 위해서는 최소한의 시간이 필요하기 때문이다. 하지만 이 통시간은 3시간이면 충분하다. 3시간 이상 같은 일을 집중도 있게 해내기란 결코 쉽지 않다. 나는 특히 집중할 수 있는 시간이 좀 짧고 산만한 편이라, 3시간도 굉장히 긴 시간이다.

시간이 넉넉하다는 기분이 들면 효율이 떨어진다. 자유 시간이 많다는 것은 오히려 더욱 많은 절제력이 필요하다는 것이다. 이때 데드라인은 좋은 촉진제가 된다. 만약 평일 저녁 시간에 일을 한다면 취침 시간이 확실한 데드라인이 되어준다. 나는 밤 12시가 넘으면 잠을 잘 못 자기 때문에 늦어도 12시에는 꼭 잠자리에 드는 편이다. 그래서 자기 전까지 마쳐야 할 일의 분량을 정하면 집중이 더 잘 된다. 그러한 반면에 주말 아침시간에 일을 시작하면 왠지 저녁까지 시간이 여유롭다는 생각에 별로 쫓기지 않는다.

퇴근 후 시간은 결코 적은 시간이 아니다. 매일 퇴근 후 2시간을 사이드 프로젝트에 투자한다고 가정해보자. 퇴근 후 2시간씩 5일이면 매주 10시간이다. 주말에만 사이드 프로젝트를 한다고 가정하면 무려 토요일 5시간, 일요일 5시간을 투자해야 가능한 분량이다. 그렇게 되면 사실상 평일을 포함해서 하루도 쉬지 않는 셈이다. 사이드 프로젝트도 좋지만, 주말이 없는 삶은 너무 가혹하지 않을까? 그러니 주말은 놓아주자. 대신 저녁 시간을 사랑해보자.

☑ 퇴근 후에도 무언가를 해내는 힘

회사는 '일하는 곳', 집은 '쉬는 곳', 아침은 '출근 준비하는 시간', 저녁은 '퇴근 후 쉬는 시간'이라는 메커니즘에서 벗어나면 퇴근 후에 아무것도 하지 않는 생활이 오히려 어색해진다. 퇴근 후에 휴식만 하는 사람의 시선으로는, 퇴근 후에 뭐든 열심히 하는 사람을 보며 '체력이 대단하다'고 말한다. 하지만 남이 시켜서 하는 일과 내가 좋아서 하는 일은 소모되는 에너지의 정도가 다르다. 실제로 퇴근 후에 이런저런 활동을 하다 보니 **퇴근 이후 내가 좋아하는 일로 시간을 빼곡히 채우는 것은 에너지를 갉아먹는 일이 아니라 오히려 에너지를 채우는 일이라는 것을 깨달았다.**

퇴근 후에 무언가를 해내는 '힘'은 운동을 해서, 좋은 음식을 잘 챙겨 먹어서, 잘 자서 길러지는 것이 아니다. 생존을 위한 최소한의 체력만 있다면, 남은 시간을 생산적으로 잘 보내는 것은 실제 체력이 좋은 것과는 크게 관련이 없다. 그저 그 생활에 적응했느냐 적응하지 못했느냐의 문제다. 언제나 처음 한 번의 결단이 중요하다. 물론 습관이 되어 자연스럽게 적응하기 전까지 체력적인 고통을 한번은 겪어야 한다. 하지만 처음에만 힘들지 근육이 쌓이면 고통쯤은 금방 적응되어 쉽게 느껴진다. 그 허들을 딱 한 번만 넘겨보면 어떨까? **내가 좋아하는 일을 스스로 만들어서 하는 것, 어제보다 조금 더 발전한 내 모습을 보는 것은 나를 더 활기차게 만든다.**

오늘 퇴근하면 뭐라도 해볼까?

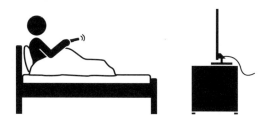

피곤해 죽겠는데 무슨, 드라마나 보자.

☑ 체크하기

내일에 대한 부담 때문에 저녁 시간을 낭비하는 건 아닐까?

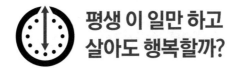

평생 이 일만 하고
살아도 행복할까?

☑ 퇴근하면 하루가 끝? 그럼 퇴직 후에는?

나는 퇴직 후 시간이 많아진 엄마와 함께 어떻게 살아야 후회
하지 않을지에 대해 자주 이야기한다. 엄마는 평생 바쁘게 일
하시다가 55세가 되어서야 퇴직했다. 긴 세월 동안 엄마의 정
체성은 '일'에 얽매여 있었고, 누구누구의 '엄마'라는 이름에
가려져 있었다.

그렇게 세월을 보내다가 퇴직을 하고 자녀들이 성인이 되
어 떠난 지금, 엄마는 자신의 정체성이 사라진 기분이라고 한
다. 자신이 무엇을 위해 사는지, 어떤 일을 할 때 행복한지, 어

떻게 삶을 채워야 후회가 없을지 고민해본 적이 없는 것이다. 엄마는 이제야 제2의 인생을 채우기 위한 고민을 시작했다.

1980년대 초반~2000년대 초반 출생한 세대를 일컬어 '밀레니얼 세대'라고 부른다. 그 기준에 따르면 나는 밀레니얼 세대다. 이 세대는 '일'이 곧 '나'인 삶을 살지 않는다. 워라밸 (work-life balance)을 추구하며, 직장에서 모든 에너지를 소진하지 않으려 하며, 일과 내 삶의 균형을 잡으려고 한다. '일'이 곧 자신의 정체성이었던 엄마 세대와는 조금 다르다.

나는 하고 싶은 일이 정말 많다. "삶을 어떻게 채워야 후회가 없을까?"라는 질문에 나는 이렇게 답할 수 있다. "하고 싶은 일을, 하고 싶은 만큼 하고 살기." 어떻게 보면 모두가 원하는 바람일지 모르지만 나처럼 다양한 일에 관심이 많고 여기저기 찔러보기를 좋아하는 사람에게는 정말 간절한 바람이다. 그렇다고 직장을 관두고 하고 싶은 일을 할 수 없으니 나는 '저녁 시간'에 눈을 돌리기로 했다.

☑ 최고의 '직장인'이 되고 싶지 않습니다

나는 매일 동물병원을 출퇴근하는 수의사다. 나는 내 일을 너무나 사랑하고, 조금 더 잘해내고 싶은 욕심도 있기 때문에 저녁에도 시간을 내어 전공 공부를 한다. 하지만 퇴근 후의 모든 시간을 '최고의 수의사'가 되기 위해 쓰지 않는다. 그리고 내 인생의 목표 역시 가장 수술을 잘하는 수의사로 이름을 떨치는 것도 아니다.

나는 이 일을 너무나 사랑하지만, 평생 수의사 일만 해야 한다면 세상에서 가장 불행해질 것이다. 하지만 세상은 우리에게 한 우물만 파라고 말한다. 한 분야에 열심히 몰두하고 매진해서 그 분야의 전문가가 되라고 말한다. 나는 그 이야기가 나에게는, 그리고 지금 우리 세대에는 맞지 않는다고 생각했다.

그러던 어느 날 우연히 테드(TED) 강연을 보고 나와 같은 고민을 하고 있는 사람이 많다는 것을 알게 되었다. 강연의 제목은 〈어떤 사람들에겐 하나의 천직이 없는 이유Why some of us don't have one true calling〉이다. 강연자 에밀리 와프닉(Emilie Wapnick)은 사회는 마치 우리가 살아가는 동안 단 한 가지의 소명을 찾아, 그 소명을 위해 살아야 하는 것처럼 틀을 만들지만 모두가 그렇게 살 필요는 없다고 말한다. 호기심이 많고 창의적인 취미가 다양한 사람이 분명히 존재하며, 자신이 그런 사람이라면 그 열정을 마음껏 뽐내며 살아도 된다고 말이다. 나는 그 강연을 보고 자신감을 얻었다. 최고의 직장인이 되지 못하더라도, 퇴근 후 더 활기차게 '딴짓'을 하는 사람이 되겠다고 다짐했다.

☑ 퇴근했으니, 하고 싶은 일 좀 하겠습니다

나는 최고의 수의사도, 최고의 크리에이터도, 최고의 배우도 아니다. 그러나 딱 하나는 최고일 자신이 있다. 바로 '딴짓'이다. "하라는 공부는 안 하고 자꾸 딴짓할래?"의 바로 그 딴짓이다. 학생의 본분은 '공부'다. 그리고 직장인의 본분은 자신의 업무에 충실하게 임하여 성과를 내는 것이다. 오로지 나의 정체성을 '직장인'으로 한정하면, 퇴근 후 '딴짓'을 하는 게 이상하다고 생각할지도 모른다. 그렇다고 하루 24시간을 직장인의 역할만 하며 살 수 없지는 않은가? 퇴근 후 나는 여러 가지 신분으로서 본분을 발휘하고 있다.

사람들은 워라밸의 조건을 '정시 퇴근'이라고 생각한다. 하지만 주 52시간 근무제를 통해 얻은 저녁 시간을 다들 어떻게 사용하고 있는지 묻고 싶다. "워라밸, 좋지!"라고 외치는 사람들이 정작 업무 외에 내가 잘하고 재미있어 하는 것이 뭔지도 모르는 경우가 많다.

저녁 시간을 조금 더 알차게 활용하고 싶다면 내가 업무 외에 어떤 일을 할 때 행복한지, 업무에서 발휘하지 못한 내 능력에는 어떤 것이 있는지, 어떤 '딴짓'을 하고 싶은지 생각해보자. 엄마는 퇴직 후, 나는 퇴근 후의 삶을 단 1분도 허투루 쓰지 않기 위해 오늘도 고민하고 있다. 이제는 "언제 퇴근하지?"보다 "퇴근하고 뭐 하지?"가 더 중요한 고민이 아닐까?

☑ 체크하기

평생 이 일만 하며 살 수 있을까? 더 재밌는 일은 없을까?

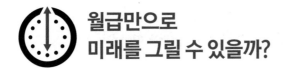

월급만으로
미래를 그릴 수 있을까?

☑ 무소득의 40년을 버틸 전략

급여명세서를 받으면 지난달과 별 다를 것 없는데도 물끄러미 쳐다보게 된다. 급여명세서에는 내 이름, 직급, 작고 귀여운 월급 액수와 자잘한 공제 내역들이 빼곡하게 적혀 있다. 그중 '국민연금' 항목이 눈에 들어온다. 나중에 나이가 들어 경제 활동을 못 하면 나를 부양해줄 돈이다. 과연 이 돈이 나를 충분히 부양해줄까?

누구나 이런 철없는 상상을 해본 적 있을 것이다. 퇴직 후, 볕이 잘 드는 창가에 앉아, 고양이의 가르릉 소리를 들으며,

좋아하는 책과 함께 시간을 보내고 가끔은 여행도 떠나면서 여유로운 여생을 보내는 내 모습을 말이다. 하지만 그런 상상이 쉽게 현실이 될 리 없다. 진짜 현실에서는 60세 이후에 펼쳐질 무소득의 40년을 버틸 구체적인 전략이 필요하다. 운이 좋으면 60세에 퇴직하겠지만, 운이 나쁘면 50세에 쫓겨날 수도 있다. 그럼 벌이가 있는 30년 동안 미친 듯이 허리띠를 졸라 여생을 버틸 만한 큰돈을 벌어 놓아야 하는 걸까? 그보다 더 좋은 대안이 있다. 바로 퇴직하지 않고 평생 일할 수 있는 나만의 커리어를 만드는 일이다.

☑ 혼자서 이뤄낼 수 있는 일 찾기

우리 임금 근로자 대다수는 큰 회사의 작은 구성원으로 살아간다. 회사 단위의 아주 큰일을 쪼개고 쪼개서 분업화되고 전문화된 작은 한 가지 일을 한 사람에게 시킨다. 연차가 높아질수록 담당한 직무는 점점 더 잘하게 된다. 성능이 좋은 톱니바퀴에 가까워지는 것이다. **하지만 이 성능은 톱니바퀴가 기계 안에 있을 때만 능력을 발휘할 수 있다. 퇴직 후 혼자가 된 톱니바퀴가 할 수 있는 일이 있을까?**

당장 나를 먹고 살 수 있게 해주는 직장은 감사한 곳이다. 때로는 실수도 하고, 이런저런 사고도 생기고, 상사가 나에게 실망하더라도 시간은 가고 월급날은 돌아온다. '어쨌거나 월급날은 또 돌아온다'는 사실은 얼마나 든든하고, 정신을 편안하게 만드는가! 그리고 동료들과 공동의 목표를 위해 협력하면서 서로에게 배우는 시간 역시 소중하다. 조직 안에서만 느낄 수 있는 소속감과 유대 관계도 어떤 사람에게는 행복의 중요한 요소일 수 있다.

하지만 나만 할 수 있고 가장 자신 있는 일을, 상부의 결재 없이 주도적으로 해보는 것도 그에 못지않게 중요하다. 이런 능력이 조직에서 벗어난 뒤에도 평생 지속할 수 있는 '진짜 안정적인 일'이 될 것이다. 나는 퇴근 후 저녁 시간을 확보한 이후로, 처음부터 끝까지 주도적으로 나의 일을 개척할 수 있는 프로젝트를 꾸준히 시도하고 있다.

☑️ 평생 좋아하는 일을 하면서 돈 버는 유토피아

초등학교 사회 시간에 배운 직업의 의미를 생각해보자. 직업은 살아가는 데 필요한 돈을 벌기 위해 일정 기간 이상 하는 일이라고 한다. 또, 소득을 얻는 일 외에도 직업은 우리에게 행복과 보람을 준다고 한다.[1] 수입과 행복, 두 가지 요소 모두 중요하다. 무려 초등학교 때 배우는 내용이다. 하지만 대부분의 직장인들은 월급날만 바라보며 업무 시간을 버틴 다음, 한 시라도 빨리 퇴근하기만을 기다리며 살고 있다. 일을 하며 '행복'과 '보람'을 느끼는 경우는 많지 않다. 그렇다고 해서 직장을 벗어나면 그곳에 '행복'이 있을까? 행복은 있을지언정 수익은 없기 마련이다. 피땀과 눈물로 받은 월급을 까먹기만 하면서 누리는 행복은 완전한 행복일까?

만약 일할 때 행복하면서, 일하지 않는 시간에도 수익이 생긴다면 어떨까? 유토피아가 있다면 그곳이 아닐까? 허황된 말이라고 생각할 수 있겠다. 하지만 나의 목표는 재미있게 일하고, 하고 싶은 일을 하면서 돈을 버는 것이다. "No pain, no gain(고통 없이 얻는 것은 없다)"이라는 말이 있다. 나는 이 말을 굉장히 싫어한다. 더군다나 고통(pain)이 나 스스로 선택한 고통이 아니라, 외부로부터 주어지는 고통이라면 당연하게 받아들이거나 참지 않는다. 나는 수입과 행복, 둘 다 포기하고 싶지 않았다. 그래서 나는 퇴근 후부터 좋아하는 일을 통해 주체적으로 수익을 만드는 사람이 되기로 선택했다.

☑ 지금부터 시작하자, 사이드 프로젝트

신한은행이 2019년 9월부터 10월까지 경제 인구 1만 명을 조사해 발간한 '보통사람 금융생활보고서'에 따르면, 경제 인구 10명 중 1명은 이미 투잡을 하고 있고, 10명 중 5명은 향후 투잡을 하고 싶다고 한다.[2] 투잡을 넘어 'N잡러'라는 신조어까지 등장하는 요즘, 멀티잡에 대한 관심이 높아지면서 유튜브에서도 'N잡하는 허대리', '신사임당', '리뷰요정 리남'과 같은 부업 노하우를 전하는 채널이 인기를 얻고 있다. 또한 온라인 클래스 플랫폼에서도 퇴근 후 쇼핑몰 창업하는 법, 전자책 만들어 판매하는 법 등 월급 외 수익 얻는 법을 알려주는 강의들이 점점 늘어나고 있다.

옛날에는 부업이라고 하면 퇴근 후 대리운전, 새벽 신문 배달 등이 먼저 떠올랐지만, 요즘에는 본인의 관심사에서 시작한다. 퇴근 후에 할 만한 재미있는 일을 찾다가 "내가 좋아하는 일로 돈도 벌 수 없을까?"로 관심이 옮겨가는 것이다. 이렇게 좋아하는 일로 수익을 내는 사람들이 늘어나자, '하비-프러너(Hobby-preneur)'라는 단어도 생겼다. 취미를 뜻하는 'hobby'와, 일구는 사람이라는 뜻의 'preneur'의 합성어다.

나는 종종 출연료를 받고 연극과 영화에서 연기를 한다. 때로는 직접 영화를 찍기도 한다. 처음에는 취미 삼아 대학 동아리에서 배웠던 연기로 수익을 만들고 있는 것이다. 그렇게 영화 현장을 자주 다니다 보니 어깨너머로 촬영과 편집에 대한 감각을 익힐 수 있었고, 영상을 찍고 편집하는 기술 덕분에 지금은 유튜브 영상으로도 수익을 만들고 있다. 취미로 시작한 일로 돈을 버는, '하비-프러너'로 살게 된 것이다.

직장이라는 안전장치가 있는 지금은 취미가 당장 많은 돈을 벌어다 주지 않아도 괜찮다. 그냥 내가 좋아하는 일을 한다는 생각으로, 저녁 시간에 조금씩 사이드 프로젝트를 도전해보는 건 어떨까? 젊어서 사이드 프로젝트로 시작한 일이, 60세 이후의 나를 부양해줄지도 모르는 일이다.

---

* 1. 「초등사회 개념사전」, 고민순 외 5인, 아울북, 2010.
   2. 「보통사람 금융생활 보고서」, 신한은행 빅데이터 센터, 2020.

한 가지 파이프라인으로 평생 살 수 있을까?

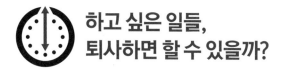# 하고 싶은 일들, 퇴사하면 할 수 있을까?

☑ 치열한 취준 끝, 퇴준 시작?

직장인들 사이에서 매번 뜨거운 키워드는 바로 '퇴사'와 '창업'일 것이다. 취업준비생을 뜻하는 '취준생'을 변형해 퇴사준비생이라는 의미의 '퇴준생'이라는 신조어까지 생겼다. 취업포털 사이트에서 직장인 282명을 대상으로 진행한 설문조사에 따르면, 직장인 46.1%가 준비만 되면 바로 퇴사할 마음이 있는 '퇴준생'이라고 한다.[1] 퇴사를 준비하는 가장 큰 이유로는 일에 대한 만족감이 낮고, 성취감을 느낄 수 없기 때문이라고 답했다. 취업은 점점 힘들어지고, 첫 취업 나이도 늦어지고 있다. 하지만 퇴사는 점점 빨라지고 있다. 기나긴 '취준' 끝에 아이러니하게도 빠른 '퇴준'이 시작되는 것이다. 이는 먹고살기 위해서만 회사를 다니는 것이 아니라는 뜻이다.

먹고사는 일은 매우 중요하다. 그러나 요즘 세대는 그냥 주어진 일만 하는 것이 아니라 성취감도 느낄 수 있기를 원한다. 성취감을 중요시하는 사람일수록 회사를 그만두고 좋아하는 일을 하며 자아실현을 하려는 마음에 너도나도 퇴준생이 되는 게 아닐까? 그러나 문제는 퇴사만 하면 금전적으로는 조금 빠듯하더라도, 하고 싶은 일을 하면서 행복할 수 있다고 착각하는 사람이 많다는 것이다. 창업도 마찬가지다. 퇴사 후 자기가 좋아하는 일로 창업하는 것도 결코 쉬운 일이 아니다. 특히 조직 내의 구성원으로서 일하다가 내 일을 스스로 만들고, 수익을 내야 하는데, 이제껏 그런 방식으로 일한 경험이 많지 않기 때문이다.

나는 새로운 경험을 좋아한다. 재미있어 보이거나, 의미 있어 보이는 일이 있으면 처음 해보는 일이라도 일단 시도해보는 쪽이다. 하지만 나는 겁도 많고 안정적인 것을 좋아한다. 도전적이면서 동시에 안정을 추구한다니, 이상하게 들릴 수도 있지만 양쪽 다 정확히 나를 표현하는 말이다. 나에게 새로운 것은 재미있지만 위험한 것은 재미없다.

☑ 배수진을 쳐서는 이길 수 없다

'배수진을 치다'라는 말이 있다. 물을 등지고 진을 친다는 뜻으로 흔히 더 이상 물러설 수 없는 상황에서 결사적인 각오로 임할 때 '배수진을 쳤다'라고 한다. 한나라의 명장 한신이 승리를 거둔 정형 전투에서 유래한 말이지만, 배수진은 사실 정형 전투 외의 수많은 전투에서 실패한 전략이기도 하다.

게으른 사람일수록 자신은 극단적인 상황에 놓여야 한다고 생각하는 경우가 많다. '퇴사만 하면 웹소설도 쓰고, 퇴사만 하면 유튜브도 하고, 퇴사만 하면 뭐라도 하겠지'라고 생각한다. 평상시에는 귀찮아서, 시간이 없어서, 여러 가지 핑계로 미뤘지만 시간이 많아지고 모아둔 돈이 바닥이 나 극단적인 상황에 놓이면 어쩔 수 없이 할 것이라고. 어느 정도 일리는 있다. 프로젝트 마감 전날이나 시험 전날이면 초인적인 집중력을 발휘하는 것처럼 말이다. 하지만 마감일에 임박해서 급하게 작성한 결과물이 좋은 평가를 받았던가? 시험 전날 벼락치기해서 얻은 성적이 과연 만족스러웠던가? 시간과 노력 대비 괜찮은 결과를 얻어 나름대로 만족하는 사람도 있겠지만 벼락치기가 아니었다면 더 좋은 결과를 얻을 수 있지 않았을까? 궁지에 몰린 사람이 할 수 있는 일들은 그리 우아하지 않다.

퇴사하고 시간이 있어야만 하고 싶은 일을 자유롭게 할 수 있다는 것은 어쩌면 고정관념이 아닐까? 저녁 시간을 활용해서는 본격적으로 시작해볼 수 없는 일도 있을 것이다. 하지만 한번 생각해보자. 정말 '하고 싶은 일'이 퇴사를 해야만 할 수 있는 일인지. 그저 핑계를 대며 미루고 있지는 않은지.

자신이 게으르다고 생각한다면, 배수진을 먼저 치지 말고 퇴근 후에 아주 작은 사이즈의 사이드 프로젝트를 시도해보자. 물론 퇴근하고 나서 새로운 일을 하는 것은 어느 정도 에너지가 필요한 일이다. 그럼에도 내가 이 일을 매일 반복할 수 있는지 시험해보는 것이다. 정말 퇴로가 없어도 이길 수 있는 전술인지 내가 그 정도의 힘을 가진 병력인지 미리 알아보는 것이다. 사람은 생각보다 강하지만, 또 생각보다 나약하다. 궁지에 몰려서 초인적인 힘을 낼 수도 있지만, 궁지에 몰려서 무너져 내릴 수도 있다.

---

* 1. '직장인 퇴준생 현황 조사', 잡코리아·알바몬, 2018.

☑ 체크하기

퇴사하고 하려던 일, 정말 퇴사만 하면 할 수 있을까?

퇴근 후,
할 수 있는 일을 찾고 싶다면?

퇴근 후에 뭐라도 하고 싶은데, 뭘 해야 할지 모르겠다는 사람들이 많다. 직장만 바라보며 살고 싶지 않다는 생각에 사이드 프로젝트에 도전하고 싶지만 막상 시작하려니 무엇을 해야 할지 감이 잡히지 않을 수도 있다. 저녁 후 본격적으로 '무언가'를 해보겠다고 결심했을 때, 자신에게 꼭 맞는 일을 바로 시작하는 사람은 거의 없다. 나 역시 수많은 시행착오를 거쳐 지금 나에게 딱 맞는 저녁 활동들을 찾아냈고 루틴으로 만들었다. 저녁 후에 할 일들을 정할 때, 특히 '사이드 프로젝트'처럼 사이즈가 큰 일을 선택할 때 고려하는 생각들은 다음과 같다.

1) 몸은 바쁠지라도 스트레스를 덜 받는 일을 선택한다

퇴근 후 저녁 시간을 활용하는 게 쉬운 일은 아니다. 일터에서 체력과 정신력을 소진하고 나면 퇴근 후에는 기진맥진하기 쉽다. 그렇기 때문에 저녁 후에 하는 일까지 업무로 느껴진다면 야근을 하는 것처럼 피로할 수밖에 없다. 몸이 힘든 날에도 눈은 반짝 뜨이는 일이 하나쯤은 있을 것이다. 꼭 생산적인 일이 아니어도 좋다. 영화 감상이나, K-POP 뮤직비디오 감상 등등 뭐든 내가 좋아하는 것을 시간을 정해서 꾸준히 해보자. 내 안에 꾸준히 쌓인 자료는 나중에 수익을 창출하는 콘텐츠가 될 수 있다.

2) 필요한 시간과 비용을 미리 계산한다

새로운 일을 시작할 땐 열정도 중요하지만 현실적으로 시간과 비용을 미리 계산해야 한다. 특히 사이드 프로젝트를 준비한다면 더욱 중요하다. 미리 계산해두지 않으면 어느 순간 갑자기 내 시간과 비용을 너무 많이 앗아가는 것 같아 도중에 그만두기 쉽다.

나는 몇 년 전 플래너 앱을 개발하려고 강의도 많이 듣고, 기획비로 300만 원가량을 지출한 적이 있다. 그러나 결국 엎었다. 앱 개발 비용이 수천만 원이고, 개발 후 운영에 필요한 시간과 인력이 어마어마하다는 것을 뒤늦게 깨달은 것이다. 사이드 프로젝트에 필요한 시간과 비용 그리고 인력을 대략적으로나마 상정하지 않으면 이처럼 중간에 포기하기 쉽다.

3) 일단 맛보기로 시도하고 안 맞으면 포기한다

사이드 프로젝트는 말 그대로 '사이드' 프로젝트다. 내가 전문성을 발휘하고 있는 본업이 따로 있으니, 사이드 프로젝트는 가볍게 시도했다가 실패해도 되는 일이다. 맛보기로 시도해보고 맞지 않으면 엎어버릴 수 있다. 우리가 학창시절 진학 상담을 위해 희망 전공을 적어낼 때마다 큰 부담감을 느낀 이유는 실제로 해보지도 않은 일을 평생의 업으로 결정해야 했기 때문이다. 그러나 그렇게 어렵게 선택한 전공도 결국 평생 따라다니진 않는다. 사이드 프로젝트는 그보다도 더 가벼운 일이다. 얼마든지 해보고 안 맞으면 바꾸면 된다.

혹시 이 책을 읽고 있는 여러분께 용기가 될까 싶어서, 내가 시도했다가 포기한 모든 사이드 프로젝트 리스트를 아래에 첨부한다. 수많은 시도와 실패가 있었기에 나에게 정말로 딱 맞는 사이드 프로젝트를 찾을 수 있었다. 작은 시도와 실패에 연연하지 않기를.

- **인스타그램 인플루언서**: 감성 사진을 잘 못 찍고, 요즘 감성을 이해하기가 어려워서 실패했다.
- **춤 배우기**: 생각보다 내가 너무 몸치라서 그만뒀다.
- **뮤지컬 배우 도전하기**: 연기만 하는 건 재밌으나 종합 엔터테이너로서의 자질은 부족하다는 걸 깨닫고 연극과 영화에만 집중하기로 했다.
- **영어 공부 콘텐츠 꾸준히 제작하기**: 영어 실력이 너무 천천히 늘어서, 콘텐츠 만들기에는 부적절하다 느껴 중단했다.
- **이북 만들어서 팔기**: 재능 거래 플랫폼에서 거절당했다.
- **스톡 사진 판매하기**: 자가용이 없어서 출사 다니는 데 한계가 있어 실패했다.

- **어도비 인디자인 배우기**: 꼼꼼하지 못한 성격 탓에 금방 흥미를 잃었다.
- **그림 배워서 웹툰 그리기**: 그림 그리는 일이 적성에도 안 맞고 시간이 너무 오래 걸려서 그만뒀다.
- **수익형 블로그 키우기**: 내가 재미있어 하는 주제에 대해 쓰는 게 아니라, 사람들이 검색할 만한 키워드에 맞춰 글을 써야 하기 때문에 재미없어서 그만뒀다. 수익형 블로그에 대해 설명하는 강의를 듣는 데만 수십만 원을 썼다.
- **플래너 앱 만들기**: 개발비가 생각보다 너무 많이 필요해서 실패했다.
- **책 리뷰 전문 유튜브 채널 만들기**: 책을 읽는 건 좋아하는데, 서평 쓰는 건 어려워서 포기했다.

이 중에서 당신에게는 딱 맞는 사이드 프로젝트가 있을지 모른다. 나는 대략 열 번을 쏘면 한 번 적중하는 수준의 확률로 나에게 꼭 맞는 사이드 프로젝트를 찾았다. 잘 모르겠으면 일단 가볍게 열 번 정도 쏴보자.

| PART 2 |

"저녁이 달라지자
아침이 달라졌다"

저녁 시간을 통해 얻은 4가지 선물

퇴근을 하고
내가 하고 싶은 일을 목표로 만들어
내가 계획한 대로 하나씩 해내는 일.
내가 좋아하는 일을 하며 성과를 만드는 일.
이 모든 일이 내 삶을 활기차게 만들었다.

잠들기 전에는 내일 하루가 기다려지고
아침에 눈을 뜨면 행복했다.

우리를 조금 크게 만드는 데
걸리는 시간은 단 하루면 충분하다

_ 파울 클레

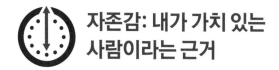

자존감: 내가 가치 있는 사람이라는 근거

☑ 잃어버린 자존감을 찾아서

회사와 집만 반복하다가 드디어 맞이한 주말. 하지만 주말은 어쩜 그리 빨리 지나가는지, 주말 저녁만 되면 다시 출근할 생각에 우울해진다. 내 정체성은 모 회사의 모 직급, 그게 전부인 것 같은 기분이 든다. 때로 회사에서 일을 잘 해내지 못하거나 상사에게 혼이 나면, 자신의 존재가 부정당하는 것 같아 더더욱 우울해진다. '문제가 뭘까? 자존감이 낮아서인가?' 생각한다. 온갖 미디어에서 모두가 당신의 낮은 자존감을 높이라고 노래를 부르고 있기 때문이다.

어느 날부터 자존감 붐이 일기 시작했다. "사소한 일에도 쉽게 지치고, 내 삶이 초라해 보이고, 인간관계가 힘든 건 모두 자존감 때문이야"라고 속삭이는 것 같다. 자존감만 회복하면 모든 문제가 해결될 것만 같아서 자존감을 높여준다는 심리 상담 프로그램, 다이어리, 명상 등 수많은 콘텐츠를 찾아다니며 자존감 높이는 데 돈과 시간을 쓰는 걸 아까워하지 않는 사람들도 많다. 이러한 콘텐츠나 프로그램으로 정말 자존감을 되찾는다면 다행이지만, 두세 번의 프로그램이나 마인드 컨트롤만으로 자존감이 높아지기는 어렵다. 자존감에 대한 집착 때문에 나중에는 오히려 자존감을 관리하지 못한 것마저 '내 탓'으로 여기고 자책하는 사람들도 있다.

어떤 상황에도 흔들리지 않는 튼튼한 자존감이 있다면 얼마나 좋겠는가. 그러나 있는 그대로의 모습도 괜찮다고 스스로를 위로하고, 나는 소중하고 빛나는 사람이라는 당연한 사실을 계속 일깨우는 것만으로 정말 자존감이 높아질까? 나는 아니었다.

☑ 오늘 업무는 망했어도 나는 가치 있다

나는 어릴 때부터 그다지 자존감이 높지 않았다. 그래서 자존감을 높이기 위해 자존감에 대한 책을 수없이 읽었다. 그 책에서 말하는 방법은 '나는 소중해, 나는 특별해'와 같은 일종의 주문을 계속해서 외우라는 것이었다. 나는 책이 권하는 대로 주문을 외우다가 어느 시점부터는 이런 주문만으로는 내가 원하는 수준의 자존감을 얻을 수 없다는 것을 깨달았다. 내가 원하는 자존감은 행동하고 성취하는 경험이 동반되어야만 얻을 수 있는 것이었다. 지금 당장 이 일에는 참패했지만, 나는 여전히 다른 일에서 유능한 사람이란 것을 스스로 믿게 하려면 증거가 필요했다.

나는 그 증거를 저녁 시간을 통해 만들어냈다. 퇴근 후에도 업무 시간에 받은 스트레스에 얽매여 있는 것이 아니라, 오롯이 나에게 집중하며 내가 스스로 만든 루틴대로 움직이고, 내가 잘할 수 있는 일들을 찾아 사이드 프로젝트를 시작하면서 '나는 소중해, 나는 특별해'라는 주문 없이도 나를 소중하고 특별하게 여기기 시작한 것이다. **회사 안에서 내 역할을 한정하지 않고, 회사 밖에서 나의 쓸모를 발견하자 회사가 전부가 아닌 삶을 살 수 있었다.**

실제로 회사는 내 전부가 아니다. 나는 사이드 프로젝트 덕분에 먹고 살기 위해, 죽지 못해 꾸역꾸역 일하는 삶에서 벗어나, 자아실현의 수많은 방편 중 하나로 회사 일을 대하게 되었다. 그랬더니 오히려 회사 일을 더 즐겁게, 더 잘할 수 있게 되었다. 혼나지 않기 위해 일하는 것이 아니라, 발전하는 즐거움을 위해 일에 몰두하게 된 것이다. 퇴근만을, 주말만을 기다리는 삶에서 벗어날 수 있게 되었다.

저녁 시간을 통해 나의 또 다른 삶을 발견해보자. 사소한 것이라도 목표를 세우고 실천하며 스스로 마음먹은 일은 반드시 해낼 수 있는 사람임을 눈으로 확인하자. 가끔은 작은 업무상의 실수로 상사에게 혼이 나도, 회사에서의 내 모습이 나의 전부가 아니라는 것을 아는 사람은 바닥까지 떨어지지 않을 수 있다.

회사 안에서만 내 존재를 찾을 이유는 없다.

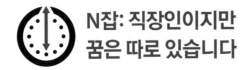

N잡: 직장인이지만 꿈은 따로 있습니다

☑ **원래 하고 싶었던 일은 따로 있었다**

수의대에 다니면서 동시에 극단에 있을 때, 지겨울 정도로 정체성에 대한 질문을 많이 받았다. 연극판에서는 내가 졸업하면 어차피 연극을 그만둘 거라고 생각했고, 학교에서는 졸업하고 연극할 거면서 학교를 왜 이렇게 열심히 다니는지 의아해했다. 나는 그럴수록 어디서든 겉돌지 않으려고 엠티며 체육 대회 같은 학교 행사에 절대 빠지지 않았고, 빡빡하기로 유명한 수의대 시험 기간에도 공연 연습을 빠지지 않았다. 하지만 아무리 노력해도 어딜 가나 박쥐가 된 기분이었다.

고등학교 3학년 때까지 내 꿈은 연극 연출가였다. 처음 소극장에서 연극을 봤던 순간을 잊지 못한다. 영화관에서 영화를 볼 때 스크린 안의 세상과 나는 분리가 되었지만, 소극장은 그렇지 않았다. 배우가 화를 버럭 내면, 객석 가장 뒤쪽에 앉은 내가 혼쭐이 나는 것 같은 기분이었다. 중학교 3학년 때 선배도 후배도 없이 친구 세 명과 함께 연극부를 만들어서, 청소년 연극제에 나갔다. 대본도 내가 쓰고, 연출도 내가 하고, 내가 직접 벽지도 바르고 액자도 붙여 만든 무대에 내가 직접 섰다. 어느 하나 내 손때가 안 묻은 곳이 없는 무대를 올리고 나서, 가상의 세계를 무대에 구현하는 사람으로 평생 살기로 결심했다.

그래서 고등학교 3학년 때 연극영화과에 지원했다. 최종 면접 고사장에는 내가 존경하는 연출가이자 교수님이 계셨나. 연예인을 보는 기분이었다. 하지만 그 교수님께서 면접 때 나에게 한 질문은 충격적이었다. "연극 말고 좋아하거나 잘하는 일은 없나요? 연극을 좋아하는 거랑 연극을 업으로 하는 건 다르답니다." 나는 그 말이 마치 나를 합격시켜주지 않겠다는 말로 들렸다. 결과는 불합격이었고, 며칠간은 교수님을 원망했다.

하지만 재수를 결심하고 나서 다시 진로를 고민하던 때에

교수님의 말이 자꾸 맴돌았다. "연극 말고 좋아하거나 잘하는 일은 없을까?" 하고 생각하다가 내가 동물을 좋아하고, 누군가를 살뜰히 보살피고 챙기는 일도 좋아한다는 사실을 떠올렸다. 그렇게 연극영화과 대신 수의학과 진학을 목표로 일 년 동안 열심히 공부해 수의대에 진학했고, 수의사가 되었다.

☑ 꿈꾸던 일을 '직업'으로 삼지는 못했지만

누군가는 꿈을 포기하고 차선책으로 현실과 타협하여 수의사라는 직업을 선택했다고 생각할지도 모르겠다. 나도 처음에는 그랬다. 기성무대에서 연극영화과를 졸업한 사람들을 만나면 시기심도 느꼈다. 내가 이루지 못한 꿈을 저들은 이룰 수 있을 것 같아서 부러웠고, 늘 주눅 들어 있었다. 어느 날은 현장에서 스태프에게 "수의사치고 연기 잘하시네요"라는 말도 들었다. 나는 아무 반박도 못 하고 "감사합니다" 하고 기어 들어가는 목소리로 대답했다.

그러나 저녁 시간을 오롯이 내 것으로 만들고, 나의 꿈을 꾸준히 실현해나갈 수 있다는 자신감을 갖게 되자 생각이 달라졌다. 나는 꿈을 포기하고 현실과 타협한 것이 아니라 현실과 꿈을 모두 잡은 사람이었다. 반드시 꿈꾸던 일을 '직업'으로 삼아야만 꿈을 이룰 수 있는 것은 아니다. 여전히 남들은 나의 정체성을 입맛대로 규정하겠지만 이제 의식하지 않는다.

직장인 극단을 이끄는 '극연구집단 랑'의 최지욱 대표는 회사를 다니고 있는 직장인이다. 그가 이끄는 극단의 구성원들은 모두 평범한 직장인이다. 법대를 졸업해서 직장에 다니는 단원, 변호사 사무실에서 일하는 단원, 공무원, 학원 강사 등등 직종도 다양하다. 낮에는 각자의 위치에서 최선을 다해 일하고, 저녁 7시가 되면 연습실에 모여 공연을 준비한다. 단원들의 공통점은 대부분 배우 혹은 연극기획자의 꿈을 위해 전력투구했던 사람들이라는 점이다. 최지욱 대표는 누군가는 현실에 타협해서 꿈이었던 연극을 취미로 남겼다고 말할 수 있을지 모르지만, 쉽게 말하는 그 현실과의 타협은 결코 쉽게 이뤄지는 것이 아니라고 말한다. 꿈과 현실 모두를 잡기 위해서는 피나는 노력이 필요하기 때문이다.

☑ 꿈은 본업으로만 이루는 것이 아니다

인생을 투 트랙으로 사는 것이 쉬운 일은 아니다. 학교 다니면서 극단 생활을 할 때는 체력적으로 너무 힘들어서 "어느 쪽이든 하나만 하고 싶다"라는 말을 달고 살았다. 물론 진심이 아니었다. 학교생활도, 극단 생활도 나는 너무 좋았기 때문에 어떤 것도 포기하고 싶지 않았다. 직장을 다니면서 꿈을 포기하지 않는 지금도 마찬가지다. 몸과 정신이 힘들어도, 하루만 쉬고 싶다는 생각이 불쑥불쑥 들어도 여전히 여러 가지 일을 하며 사는 것이 정말 행복하고 신난다. **내일 아침에 눈 뜨는 게 기다려지는 삶을 매일 반복하는 행운이 아무에게나 주어지지 않는다는 걸 알고 있다.**

꿈은 소위 말하는 본업으로만 이루는 것이 아니다. 나는 어떤 분야에서도 최정상에 도달하진 못했지만, 한 분야에 통달한 전문가가 되는 것을 포기하는 대신에 나는 나를 행복하게 해주는 모든 일에 욕심을 내고 있다. 하고 싶은 일만, 하고 싶은 만큼만 일하는 박쥐라고 욕하면 어떤가? 나는 세상에서 가장 행복한 박쥐다.

평범한 직장인처럼 보이겠지만

내 꿈은 사실 웹툰 작가였지.

☑ 체크하기

현실과 타협하여 잊고 있던 꿈이 있다면 퇴근 후에 다시 찾아보자.

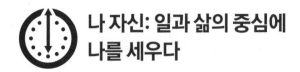

나 자신: 일과 삶의 중심에 나를 세우다

☑ 남이 시켜서 하는 일로 가득 찬 인생

인생의 주도권을 외부에 넘긴 채 수동적으로 살아가는 사람들이 많다. 나 역시 예전에는 부모님이 시키는 대로, 선생님이 시키는 대로, 취직해서는 상사가 시키는 대로 살아왔다. 서른을 넘어서자 스스로 선택해야 하는 일이 많아진 친구들은 다들 "누가 좀 시켜줬으면 좋겠다"라고 말한다. 수동적으로 살다 보니 능동적으로 뭔가를 결정하고 실행에 옮기는 일이 힘들어진 것이다. 이제는 스스로 무엇을 해야 행복한지조차 잊어버린 것 같다.

저녁 시간을 주도적으로 관리하기 전까지는 나도 그랬다. 선생님 말 잘 듣는 학생이었고, 시키는 대로 따라만 해야 하는 인생이 답답하기보다는 오히려 편안하게 느껴졌다. 시키는 대로 했는데 사고가 나면 시킨 사람 탓이니 책임지지 않아도 되기 때문이다. 많은 사람들이 그럴 것이다. 도무지 능동적으로 살아볼 기회를 주지 않는 한국식 교육 과정에서 길들여져 부분적인 일만 맡아서 한다. 직장인이 되어서도 상부의 지시를 받아 일하고, 상부의 승인을 받지 못하면 일이 끝나지 않는다.

하지만 퇴근 후에 하는 일들은 내 마음대로 계획할 수 있다. 사소한 취미 생활까지도 본인이 시작하겠다고 해야만 시작할 수 있다. 주도적으로 그 시간을 나를 위해 계획할 수 있는 것이다. 만약 본격적으로 사이드 프로젝트를 시작한다면 내가 원하는 일을 스스로 계획하고 실천해내고 있다는 것을 더 실감할 것이다.

남이 시켜서 혹은 남을 따라서 하는 일이 아니라 내가 좋아하고 꾸준히 하고 싶은 일을 스스로 찾아 하는 경험은 굉장히 소중하다. 꼭 성공하거나 끝까지 할 필요는 없다. 내가 좋아서 하는 일이 아니라는 생각이 들면 그만둬도 된다. 이런 경험들이 쌓이다 보면 정말 내가 어떤 일에 행복을 느끼고, 어떤 일을 좋아하는지 알 수 있다. 타인의 시선이나 말에 흔들리지 않고 스스로 선택하고 스스로 책임지는 일을 해낼 때 우리는 진짜 어른이 된다.

☑ 내 인생에 대한 책임은 내가 져야 한다

세상엔 오지랖 넓은 사람들이 정말 많다. 나는 내 얘기를 주변에 미주알고주알 털어놓는 걸 좋아하는 편이었으나 언제부터인가 사람들에게 점점 말하지 않게 되었다. 내 이야기를 하면할수록 걱정을 빙자한 충고를 던지며 나를 흔드는 사람들이 많았기 때문이다. 나는 연봉이 조금 적더라도 정시 퇴근이 보장되는 직장을 고를 만큼 하고 싶은 일이 많은 사람이다. 가끔사람들에게 "나는 저녁에 이런저런 일들을 하고 있어. 내년에는 단편 영화도 찍고 싶어"라고 말을 하면 응원해주는 사람도있지만 충고를 던지는 사람도 많다. 별 이야기 다 들어봤지만가장 기억에 남는 말은 "나중에 결혼하면 남편이 싫어할 텐데"였다.

나는 내 인생에 대해 남들보다 훨씬 많은 책임을 지고 있다. 그래서 훨씬 더 깊이 고민해본 사람이다. 그 걱정들을 나라고안 했을까? 걱정스러운 조언을 던져주는 사람의 걱정은 조언

하는 순간에서 끝이다. 그 이후의 인생을 책임져주지 않는다. 이미 내가 고민을 끝낸 문제에 대해 상대방이 이러쿵저러쿵 이야기를 하면 나는 반박하지 않고 웃으면서 "네, 호호, 그러게요"라고 대답하고 만다. 그러고 나서 그냥 신경 쓰지 않고 하던 대로 한다. 나는 이미 내 선택을 책임 질 자신이 있기 때문이다. 물론 누군가의 조언을 듣지 않고 마음대로 하다가 힘들어서 후회한 적도 많다. 그렇게 나는 또 하나를 배우고, 내 결정에 대한 책임을 하나 더 가져보는 것이다. 이건 해보니까 되더라, 또 어떤 건 해보니까 힘들더라 하는 경험을 하나 더 쌓는 것이다. **훗날 누군가 때문에 마음대로 하고 싶은 것도 못 했다며 원망하는 것보다 내가 하고 싶은 대로 해보고 나서 후회하는 것이 덜 구질구질할 것이다.**

하고 싶은 일을, 하고 싶은 만큼 하면서 나는 내 인생에 진심으로 최선을 다하고 있다. 앞으로도 편협하지는 않되, 최소한의 고집은 있는 사람으로 살고 싶다. 나는 일과 삶의 중심에 가장 먼저 나를 튼튼하게 세우고 있다.

지금은 시키는 대로 일하지만

퇴근 이후에는 내 계획대로 삽니다.

☑ 체크하기

하루 중 내가 원해서 하는 일이 얼마나 있을까?

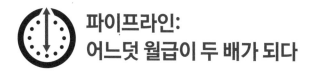

파이프라인:
어느덧 월급이 두 배가 되다

☑ 사이드 프로젝트로 만든 파이프라인

누구나 그렇겠지만 나는 돈을 참 좋아한다. 언젠가 신년 사주
를 보러 간 철학관에서, 돈 욕심이 많은 사주라며 너무 돈, 돈
하면서 살지 말라는 조언도 들었다. 뜨끔했다. 나는 왜 돈을
좋아할까? 나는 1초도 고민하지 않고 바로 답할 수 있다. 돈으
로 시간을 살 수 있기 때문이다. 돈이 많으면, 돈을 벌기 위해
서 하는 일을 줄일 수 있다. 돈이 많으면, 내가 하고 싶은 일이
돈이 되든 안 되든 자유롭게 할 수 있다.

처음부터 돈을 벌기 위해 저녁 시간을 활용하려고 했던 것은 아니다. 그러나 이왕 하는 일을 수익과 연결시켰더니 결과적으로 내가 하는 모든 사이드 프로젝트들이 나에게 크든 작든 돈을 벌어주고 있다. 그 덕분에 아무리 많은 연봉을 줘도 일주일 내내 바쁘게 돌아가는 직장 대신 연봉은 조금 적더라도 시간적 자유도가 높은 직장을 택할 수 있었다. **나에게 돈을 버는 목적은 일하는 시간과 에너지를 줄이는 것이니 정확히 계획대로 살고 있는 셈이다.**

수익이 들어오는 파이프라인은 다양하다. 우선 매달 유튜브 채널을 통해 발생하는 구글 광고 수익이 소소하게 들어온다. 유튜브 채널을 통해 수익을 얻으려면 꽤 긴 시간이 필요하다. 나는 유튜브를 시작한 지 반 년 정도 지났을 때 첫 수익 정산을 받았는데, 세 달 동안 수익이 10만 원 정도였다. 구독자 수 1000명, 일 년간 채널 시청 시간 4000시간 이상이면 수익 창출이 가능한데, 나처럼 반 년 만에 수익이 발생하는 건 빠른 편이다. 유튜브 채널이 커지면서 영향력을 갖게 되자 종종 제품 협찬도 들어왔다.

또한 유튜브 채널을 통해 얻게 된 '시간 관리 전문가'라는 타이틀로 시간 관리에 특화된 플래너를 만들어 판매해 수익을 얻고 있다. 시간 관리법을 알려주는 온라인 클래스를 개설해 수익을 얻고 있기도 하다. 가끔은 연극 무대에 서거나 독립

영화, 광고 영상 등에 출연하고 출연료를 받는다. 오프라인 강연 요청이 들어오면 강연을 해서 강의료를 받고, 스타트업 마케팅을 위한 콘텐츠를 만들고 대가를 받기도 한다. 소소한 금액이 여기저기서 들어오니, 떼돈은 아니지만 무시할 수 없을 정도의 수익이 되었다.

☑ 좋아하는 일을 하면 돈이 따라온다

자본주의 사회에서 정상적인 방법으로 돈을 버는 원칙은 아주 단순하고 명료하다. 누군가에게 필요한 것을 제공해주고 그에 대한 합당한 대가를 받는 것이다. 당연하지만 늘 명심해야 할 지점은 내가 제공한 노동력보다 덜 받는 것도 문제지만, 더 받으려고 욕심을 내면 탈이 난다는 것이다. 내 능력을 키우면, 나의 도움이 필요한 사람도 더 많아지고, 사람들은 더 많은 대가를 기꺼이 지불하려고 할 것이다. 이렇게 나의 능력과, 내 도움을 받는 사람을 늘려 나가는 데에는 반드시 시간이 걸린다. 나도 아주 천천히 성장하는 중이다.

돈 욕심 내지 말라던 역술가의 말은 욕심을 내려고 하면 체한다는 경고였을지도 모른다. 내가 하는 일을 더 잘하려고 하면 돈이 들어온다. 좋아하는 일을 열심히 하다 보면 돈은 따라온다. 수년간의 사이드 프로젝트를 통해 몸소 실감한 것이다. 무엇보다 중요한 것은 꾸준히 하는 것이다. 사이드 프로젝트로 부자가 되는 건 쉽지 않지만, 지금처럼 천천히 성장한다면 몇 년 후에는 수익을 더 늘릴 수 있을 거란 자신감이 생겼다. 예전에는 생각하지 못했던 기회가 자꾸만 찾아오고 있고, 그 기회를 붙잡을 힘이 내 안에 충분하기 때문이다.

☑ 꼭 '수익'이 목적이 아니어도 좋다

아무리 좋아하는 일이라도, 목적이 돈을 버는 것이 되면 숙제로 느껴지거나 지치기도 한다. 매일 구독자 수와 수익을 신경쓰면 피곤할 수밖에 없다. 돈을 벌기 위한 일이 아니라, 좋아서 하는 일인데 용돈도 벌 수 있다는 생각으로 임하면 스트레스 받지 않고 오래 지속할 수 있다. 직장 생활과 병행하는 일이니 수익에 크게 연연하지 않아도 된다.

월급 외 수익이 월급을 넘어선 것은 삼 년 만이었다. 삼 년 동안 꾸준히 사이드 프로젝트를 진행할 수 있었던 것은 수익에 대한 스트레스가 크지 않았기 때문이다. 한 달에 5만 원,

10만 원씩 수익이 나서 서너 달을 꼬박 모아야 촬영용 조명 한 대를 겨우 살 수 있던 때에도 나는 충분히 즐거웠다. 꼭 사이드 프로젝트를 통해 수익을 만들어야 하는 것은 아니다. 퇴근 후 나에게 주어지는 자유 시간을 의미 있게 보낼 수 있다면 수익이 생기지 않아도, 아무도 모르게 혼자서 조용히 해도 충분히 가치 있는 시간이 된다.

퇴근하고 나서 그림을 그리거나 뜨개질을 하는 등의 창조적인 활동도 좋고, 운동을 하면서 직장에서 쌓인 스트레스를 푸는 것도 좋다. 단, 어떤 일이든 습관으로 만들어 매일 조금씩 꾸준히 실천하는 것이 중요하다. 소소한 취미 활동이든, 건강을 위한 운동이든, 쏠쏠한 수익을 벌어주는 투잡이든 꾸준히 나만의 두 번째 하루를 시작하고 싶다면 구체적인 목표 설정과 시간 관리가 필수다. 다음 장에서 '목표'부터 제대로 만들어보자.

✓ 체크하기

월급 말고 꾸준히 들어오는 수익이 생긴다면 어떨까?

나에게 꼭 맞는 사이드 프로젝트 찾기

퇴근 후 저녁 시간에 무엇을 할 수 있을까? 운동, 취미, 자기계발 등 무엇이든 좋지만, 월급 외 수익에 관심이 많은 사람이라면 사이드 프로젝트를 시작해보는 것도 좋을 것이다. '프로젝트'라고 하니 무언가를 거창하게 준비해야 할 것 같지만 그렇지 않다. 자신이 꾸준히 즐기고 있는 취미나 관심 있는 분야, 남들에게 공유하고 싶은 재능에서 출발하면 된다. 아무리 사소한 것이라도 좋다. 자신이 이미 하고 있는 활동에서 한 발짝만 더 나아가면 금방 사이드 프로젝트로 발전시킬 수 있다. 나에게 딱 맞는 사이드 프로젝트에는 어떤 것들이 있을지 궁금하다면 아래 보기들을 먼저 살펴보자.

- 엑셀, 포토샵 등 능숙히 다루는 프로그램이 있다. → A 유형
- 무엇이든 글로 정리하는 것을 좋아하는 편이다. → B 유형
- 그림을 잘 그리고 아기자기한 걸 좋아한다. → C 유형
- 사진 찍으러 다니는 것을 좋아한다. → D 유형
- 하나만 파고드는 덕후 기질이 있다. → E 유형

A 유형. 온라인 클래스를 통한 재능 판매

학원에 가지 않고 집에서 온라인 클래스로 뭔가를 배우는 것이 자연스러워진 요즘이다. 취미부터 업무에 관련된 전문 지식까지 온라인 클래스로 배우지 못할 것이 없을 정도도. 거창한 지식이 아니라도 엑셀이나 포토샵 등 업무에 자주 사용되는 프로그램을 잘 다룬다면 온라인 클래스를 통해 재능 판매가 가능하다. 한국고용정보원에 따르면, 재능 판매 사이트를 이용하는 사람이 54만 명이나 된다고 하니, 그 시장의 규모 역시 만만치 않다.

온라인 클래스 플랫폼마다 조금씩 차이가 있지만 통상 30~50% 정도 작가에게 수익이 배분된다. 나는 시간 관리법에 대한 온라인 클래스를 '마이 비스킷(my biskit)'이라는 플랫폼에서 판매하고 있다. 클래스를 준비하고 촬영하는 것이 고생스럽긴 하지만 촬영해놓으면, 매회 강의해야 하는 오프라인 클래스와는 달리 꾸준한 수익이 발생한다. 나의 경우 한 달에 100만 원 정도의 자동 수익이 발생하고 있으며, 나보다 훨씬 많은 수익을 얻고 있는 인기 강사도 굉장히 많다.

B 유형. 수익형 블로그 운영

블로그는 꽤 오랫동안 월급 외 수익에 관심이 많은 사람들에게 활용되고 있다. 블로그로 수익을 만드는 방법에는 여러 가지가 있는데, 대표적으로 제품 협찬 광고를 통한 수익 발생과 트래픽을 통한

CPC 광고 수익이 있다.

제품 협찬 광고는 말 그대로 기업으로부터 제품이나 서비스를 제공받거나, 제품을 소개해주는 대가로 원고료를 받는 방식이다. CPC 광고로 가장 유명한 것은 구글의 애드센스, 네이버의 애드포스트가 있다. 인터넷 기사나 블로그 글을 읽다가 게시글 중간중간 배너 광고가 섞여 있는 것을 자주 봤을 것이다. 네이버 블로그에서 이런 배너 광고를 봤다면 대부분 애드포스트, 구글이나 다음 티스토리에서 배너 광고를 봤다면 애드센스 광고일 확률이 높다. 블로그 방문자가 이런 배너 광고를 클릭할 때마다 블로거에게 돈이 들어온다. 꾸준히 양질의 포스팅을 하면 당연히 유입되는 방문자가 늘어나며, 이렇게 트래픽이 증가하면 자연스레 광고 수익도 증가한다. 제품 협찬 포스팅이나 CPC 광고 수익으로 연간 1억 원 이상을 버는 사람이 생각보다 많다. 수익형 블로그 운영에 대한 정보를 담은 유튜브 영상이나 온라인 클래스도 많이 나와 있으니 참고하면 좋다.

C 유형. 일러스트 문구, 카카오톡 이모티콘 제작 및 판매

'다꾸(다이어리 꾸미기)'의 유행이 다시 돌아오면서 스티커나 마스킹테이프 같은 문구류가 다시 인기를 얻고 있다. 나만의 캐릭터가 있다면 문구류뿐 아니라 파우치, 핸드폰 케이스, 무선 이어폰 케이스 등 귀여운 디자인의 소품을 무한대로 만들 수 있다. 이미지만 제공하

면 자체적으로 상품을 제작해주는 업체들도 많이 생겼으니 마음만 먹으면 누구든 나만의 디자인 소품을 만들 수 있다.

재고 관리와 배송 업무 등이 부담스러운가? 그렇다면 나만의 캐릭터로 카카오톡 등 메신저 이모티콘을 만들어보자. 카카오톡은 국내 월간 이용자가 4500만 명(2020년 기준)에 달하는 국민 메신저다. 시장이 큰 만큼 큰 수익을 낼 수 있다. 2019년까지 누적 매출 1억 원이 넘는 이모티콘이 1000여 개나 된다고 한다. 나만의 캐릭터와 재치 있는 문구로, 이모티콘 '연금'에 도전해보자.

D 유형. 스톡 사진 판매

사진 찍는 것을 좋아한다면, 내가 찍은 사진을 판매해보는 건 어떨까? 각종 디자인, 잡지나 기사 등 여러 가지 콘텐츠 제작을 위해서는 다양한 이미지가 필수다. 하지만 필요한 모든 이미지를 직접 촬영하거나 제작할 수 없으니 저작권이 없는 이미지를 사용하거나 저작권료를 주고 구매해서 사용해야 한다. 이를 위해 만들어진 플랫폼이 스톡(stock) 이미지 사이트다. 바로 이 스톡 이미지 사이트에서 우리의 하드 디스크에 보관된 멋진 사진들을 판매할 수 있다. 대표적으로 '셔터스톡(www.shutterstock.com)'이 유명하다. 국내 사이트로는 '크라우드픽(www.crowdpic.net)'이 있으니 해외 사이트가 부담스럽다면 이곳에서 먼저 도전해보는 것도 좋다.

꼭 DSLR 카메라가 아니어도 좋다. 스마트폰 화질로도 충분하다. 하드 디스크에 쌓여 있는 수천 장의 사진들을 한번 살펴보며 괜찮은 사진들이 있다면 한번 업로드해보자. 누군가는 그 사진을 간절히 원하고 있을지 모른다. 금방 엄청난 수익을 얻을 수는 없겠지만, 일상에서 마주하는 풍경들을 조금 더 애정 있게 바라볼 수 있고 '사진 촬영'이라는 취미를 꾸준히 유지하게 만드는 원동력이 될 것이다.

E 유형. 덕후 타깃 콘텐츠 올리는 유튜브 채널 열기

내가 어떤 분야의 '덕후'라면, 같은 분야의 덕후들을 타깃으로 하는 콘텐츠를 꼭 만들어보자. 사이드 프로젝트는 안 하던 일을 새로 시작하는 것보다, 이미 내가 즐기고 있던 일을 남들과 공유하면서 수익을 발생시키는 방식이 효과적이다. 이미 하던 일을 콘텐츠로 만드는 것이니 부담이 덜하고, 내가 좋아하는 것을 다른 사람들과 공유하며 일종의 덕후 커뮤니티를 만들 수 있어 즐겁다. 즐거워야 지속하기 쉽다. 떡볶이 리뷰 전문 유튜버 '떡볶퀸'과 같은 리뷰 유튜버나, 내가 좋아하는 취미를 찍어서 업로드하는 취미 유튜버에 도전해보자. 촬영은 스마트폰 카메라로 충분하고, 쉽고 직관적인 무료 영상 편집 프로그램으로도 충분히 퀄리티 있는 편집이 가능하다.

PART 3

"알찬 저녁을 위한 목표 설정 로드맵"

저녁 루틴 만들기 1단계, 목표 설정

누구에게나 이루고 싶은 꿈이 있다.
꾸준히 해내고 싶은 일이 있다.
하지만 매번 꿈과 목표는 너무 멀리 있다.
우리는 멀리 있는 꿈과 목표를
멍하니 쳐다보고 있을 것이 아니라
차근차근 사다리를 놔야 한다.
어느 순간 꿈은 현실에 맞닿아 있을 것이다.
한 번에 오를 수 있는 꿈은 없다.

기다리지 마라.
적절한 때는 결코 오지 않는다.

_ 나폴레온 힐

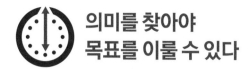

의미를 찾아야 목표를 이룰 수 있다

☑ 내 인생의 의미 찾기

살면서 어느 순간에, 문득 나는 왜 사는 건지, 어떻게 살아야 잘 사는 것인지 고민한다. 한창 심리 상담을 받던 시절, "요즘은 제가 왜 사는 건지, 어떻게 살면 좋은 삶일지 생각해보고 있어요. 아직 답은 나오지 않았는데 일단은 봉사활동이나 좀 다녀볼까 봐요"라고 말씀드렸더니 선생님께서 "의미 찾기를 하는 중이군요"라고 말씀하셨다. 그 이후에 나는 이런 고민들에 '의미 찾기'라는 이름을 붙이게 되었다.

철학은 크게 존재론, 인식론, 가치론으로 나뉜다고 한다. 존재론은 "무엇이 실재인가?"를 생각하는 것. 인식론은 "어떻게 바르게 알 것인가?"를 고민하는 것, 가치론은 "무엇이 가치 있는 일인가?"를 고민하는 것이다. 이 중 내가 이야기하는 의미 찾기는 가치론에 가깝다. 가치 있는 일이 무엇인지를 찾고, 가치 있는 일을 하려고 노력하는 것이다. 누군가는 늘 배우고 성장하는 것이 가치 있다고 생각할 수 있고, 아이를 가진 부모는 아이의 행복이 인생의 최고 가치일 수도 있다. 나에게 가장 가치 있는 일은 내 도움이 필요한 사람들과 동물을 돕는 것이다. 그래서 내 인생의 의미 역시 '나의 도움이 필요한 사람들과 동물을 돕는 것'으로 정했다.

☑ 당신의 목표에는 '의미'가 있나요?

갑자기 '의미' 이야기를 왜 할까? 바로 지속 가능한 목표 설정을 위해서다. 인생을 살아가는 의미를 찾으면 살면서 하는 모든 행동을 의미 중심으로 정렬할 수 있다. 선택의 기로에 놓여 있을 때 내게 맞는 선택을 할 수 있고, 지금 하는 일이 싫증나고 힘들어도 지속할 수 있는 에너지가 된다. 나는 사실 꾸준함과는 거리가 먼 성격이다. 변덕도 심하고 하기 싫은 걸 억지로 하지 못한다. 그런 내가 유튜브 영상을 3년 넘게 매주 업로드할 수 있었던 것은 '재미'나 '끈기'만으로는 설명하기 힘들다. 사실 유튜브 채널을 운영하는 일은 재미없는 일이 더 많다. 20분짜리 영상을 만들기 위해 서너 시간씩 편집하는 경우도 허다하다. 내가 하는 모든 말을 자막으로 타이핑하다 보면 영혼이 빠져나가기도 한다. 지겨운 단순 노동이다. 하지만 내가 이 지겨움을 극복할 수 있는 건 의미와 보람이 있기 때문이다. 편집 작업이 신물이 나고 지칠 땐 내 영상을 보면서 오늘도 힘을 냈다고 말하는 사람들을 생각하며 의미를 되찾는다.

목표에는 수치가 있다. 언제까지, 얼마만큼을 달성하겠다는 분명한 데드라인과 목표치를 정한다. 예를 들어 '올해 말까지 5킬로그램을 감량하겠다', '10월까지 책 한 권 분량의 글을 쓰겠다'와 같은 것이 목표다. 그러나 의미는 수치화할 수 없다. 그렇기 때문에 특별히 생각하지 않는 경우가 많다. 그래서 의미를 찾지 않고 무작정 목표를 이루고 나면 허무감이 따라오는 것이다. 아무 의미 없이 1억 원을 모으는 게 목표였던 사람은 1억 원을 모으기 직전까지는 목표를 이루지 못해 힘들어하면서 아등바등 살아간다. 목표를 달성했을 땐 바로 그 순간 잠깐 기쁘다가 또 다시 허무감에 빠진다. 이게 다 무슨 의미인가 싶어지기 때문이다.

의미는 평생 동기 부여가 된다. 행동하는 과정에서 일어나는 잔잔한 파도쯤은 무시하고 극복할 수 있게 도와준다. 진료하다가 소위 말하는 '진상 보호자'를 만나면 정말 진료하기 싫어지지만 나는 아픈 동물 환자를 아프지 않게 도와야 하는 의무가 있다. 의심의 눈초리를 보내는 보호자 앞에서, 바쁜데 빨리 일하지 않는다고 눈치 주는 상사 앞에서, 내가 옳다고 생각하는 대로 밀고 나아가는 힘은 바로 이 한 문장에서 온다. "이 선택이 환자에게 가장 큰 도움을 주는 선택인가?"

인생의 의미는 시간이 흐르고 나이가 들면서, 가치관이 바뀌면 언제든지 바뀔 수 있다. **하지만 곧 바뀔 가치라고 해서 의미가 없는 것은 아니다. 내 삶의 중심을 잡아주고, 내가 버틸 수 있게 해주며, 꾸준히 지속하는 힘이 되어준다는 점은 마찬가지이기 때문이다.**

자신이 생각하는 삶의 의미가 무엇인지 한번 생각해보았다면, 이제 본격적으로 알찬 저녁 시간 활용을 위해 목표와 계획을 정해보도록 하자.

☑️ 체크하기

인생의 목표와 의미를 생각해보자. 내 삶의 가치는 어디에 있을까?

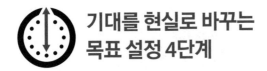

기대를 현실로 바꾸는
목표 설정 4단계

☑ 목표 만들기 4단계

퇴근 후 취미 활동, 운동, 이직 준비, 자격증 공부, 사이드 프로젝트 뭐든 다 좋다. 하지만 뭐든 꾸준히 해내기로 마음먹었다면 목표를 만들고, 계획을 세워야 한다. 그저 "이제 저녁부터 ○○○ 해야지" 하는 단순한 생각으로는 꾸준히 지속할 수 없다. 그렇기 때문에 나는 계획을 크게 네 가지로 나눈다. '대목표', '의미 찾기', '프로젝트', '액션 플랜'이다. 이 중 대목표와 의미 찾기는 장기 목표이고, 프로젝트와 액션 플랜은 단기 계획이다.

장기 목표 중 대목표는 살면서 꼭 이루고 싶은 목표를 말한다. 예를 들어, '국내 교육 분야 1위 크리에이터 되기' 같은 것이다. 그리고 의미 찾기는 이 목표를 왜 이뤄야 하는지 '의미'를 생각하는 과정이다. 앞에서 말했듯 '의미'가 있으면 확실한 동기 부여가 되기 때문이다.

프로젝트는 대목표를 이루기 위해 끝내야 하는 일의 단위를 말한다. 예를 들어, '시간 관리법을 알려주는 책 출간하기' 같은 것이다. 그리고 액션 플랜은 프로젝트를 완수하기 위해 당장 해야 하는 작은 행동의 단위다. 장기 목표는 손에 닿지 않을 정도로 멀리 있어서 그걸 이루기 위해서 당장 해야 할 일이 무엇인지 감이 잡히지 않기 때문에 단기적인 액션 플랜이 있어야 한다. 목표 달성률을 높이고 싶다면 장기 목표와 단기 액션 플랜을 동시에 세워보자.

장기 목표	대목표	꼭 이루고 싶은 목표. 예) 국내 교육 분야 1위 크리에이터 되기.
	의미 찾기	'나는 왜 사는가?'에 대한 답, 삶의 의미. 예) 내 도움이 필요한 사람들을 도우며 살고 싶다.
단기 계획	프로젝트	끝내야 하는 업무의 단위. 예) 책 출간하기.
	액션 플랜	프로젝트 하나를 완수하기 위해 해야 하는 작은 행동의 단위. 예) 자료 조사, 원고 쓰기, 참고 도서 읽기 등.

☑ 만다라트 플래너 활용하기

대목표와 단기 계획을 세울 때는 만다라트 플래너를 활용하는 것도 도움이 된다. 막연하던 목표가 점점 구체적이고 촘촘해지는 것을 한눈에 파악할 수 있기 때문이다. 만다라트 플래너는 일본의 투수 오타니 쇼헤이가 쓴 것으로 유명하다. '8구단 드래프트 1순위'라는 최종 목표를 달성하기 위해, 먼저 실천해야 할 8가지 하위 주제를 정하고 그에 따라 실천해야 할 액션 플랜을 세운 것이다. 그처럼 우리도 구체적인 최종 목표를 대목표로 삼아도 되고, 목표를 커리어, 건강, 인간관계, 종교(혹은 정신 건강) 등으로 크게 나눠도 좋다. 내가 작성한 만다라트 플래너를 오른쪽에서 예시로 보여주겠다.

예시를 보면 바로 따라 할 수 있을 정도로 어렵지 않다. 초등학교 수업 시간 때부터 자주 그리던 마인드맵과 비슷하다. 가운데에 대목표를 기입하고, 대목표를 이루기 위한 8가지 하위 목표를 마인드맵을 작성하듯이 뻗어나가면 된다. 만다라트 플래너는 특히 새해 목표를 세우는 데 유용하다. 가운데에 '20XX년 새해 목표'라고 적은 뒤, 올해 이루고 싶은 8가지 목표를 쓰고 이 목표들을 이루기 위해 해야 할 작은 일의 단위를 다시 작은 칸에 적는 것이다.

주5회 운동	아침 스트레칭	건강하게 채식하기	경청하기	인사 잘하기	분명하게 말하기	주3회 전공공부	질문의 생활화	영상 진단 소견서 실습
1년에 5회 심리상담	건강	충분한 휴식	상대의 장점 찾기	관계	감사하기	슬기 연습 꾸준히	전공 공부	케이스 리포트 주 1회
연 1회 건강검진	하루 7시간 수면	하루 물 1.5L 마시기	자비 명상	콤플렉스 분석하기	연인	웹 세미나 꾸준히 듣기	전공 스터디 월 2회	원내 발표 월 1회
주 1회 영상 업로드	최신 트렌드 공부	디자인 공부	건강	관계	전공 공부	액션 플래너 쓰기	일과 중 스마트폰 숨기기	오전에 모래시계 사용하기
매일 기획안 쓰기	영상 콘텐츠	월 1회 라이브 방송	영상 콘텐츠	한 단계 성장하는 한 해	시간 관리	데일리 플래너 매일 쓰기	시간 관리	일 많이 벌이지 않기
오프라인 구독자 모임 기획	루틴 관리 서비스 기획	구독자와 적극적인 소통	자기계발	경제	예술	휴식 시간 충분히	포모도로 방식으로 일하기	규칙적인 수면 시간 지키기
1년 50권 독서	서평 쓰기	인문학 공부	마케팅 공부	경제 서적 읽기	재테크 동아리	주 1회 연기 스터디	고전 영화 많이 보기	질문을 두려워 하지 말기
명상	자기계발	감사 일기 쓰기	가진 것에 감사하기	경제	필요할 땐 아낌없이 베풀기	1년에 시나리오 한 편 쓰기	예술	여행 많이 다니기
발음·발성 교정 꾸준히	일회용품 줄이기	수어 공부 꾸준히	가계부 쓰기	수익 70% 저축하기	세금 공부	심리학 공부	매년 프로필 업데이트	촬영 배우기

〈새해 목표 설정을 위한 만다라트 플래너〉

나는 이렇게 삶의 전반적인 부분에서의 8가지 방향성(건강, 관계, 전공 공부, 영상 콘텐츠, 시간 관리, 자기계발, 경제, 예술)을 정하고, 그 목표를 이루기 위한 작은 행동 목표들을 각각 8가지씩 정해보았다. 전체적인 목표와 행동의 청사진을 그리는 용도로 매우 좋은 도구이지만, 약간 아쉬운 점이 있다면 시간 계획을 함께 세울 수 없다는 점이다. 예를 들어, 나의 만다라트 플래너에서 '하루 7시간 수면'과 같은 목표는 구체적인 행동 계획이 필요하지 않다. 하지만 '루틴 관리 서비스 기획'과 같은 프로젝트를 성취하기 위해서는 더 디테일한 실천 사항과 함께 시간 계획이 필요하다. 이 부분은 바로 '액션 플래너'로 보완할 수 있다. 다음 장에서는 액션 플래너를 같이 써보자.

내 꿈은 내 음악으로 공연을 하는 것!

올해는 자작곡을 꼭 쓸 거야,
그러기 위해서는…

☑ 체크하기

아주 큰 목표도 작은 행동에서부터 이뤄진다.

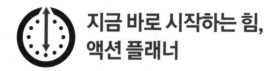

지금 바로 시작하는 힘,
액션 플래너

☑ 목표를 위한 사다리, 액션 플랜

사람들은 새해가 되면 새로운 마음으로 새해 목표를 세운다. 하지만 연말에 신년에 세웠던 목표를 돌아보면 이루어놓은 것이 많지 않다. 이유가 뭘까? 단지 게을러서일까? 정답은 목표만 세우고 행동 계획을 짜지 않았기 때문이다.

작은 행동들이 모여서 우리가 원하는 결과들을 만들어낸다. 꿈은 먼 곳에 동떨어져 있기 때문에 차근차근 사다리를 놔야 한다. 그래서 나는 '액션 플랜'을 세우기를 권한다. 지금 당장 어떤 작은 행동을 해야 목표에 가까워질 수 있을지 늘 고민하다 보니, 액션 플랜을 위한 플래너까지 만들게 되었다. 아이디어는 브라이언 트레이시의 책 『백만불짜리 습관』[1]에서 얻었다. 이 책에서는 목표 설정 방법을 7단계 공식으로 제시하고 있다.

1단계. 목표를 세운다.

2단계. 마감 시한을 정한다.

3단계. 목표 리스트를 만든다.

4단계. 행동 계획을 짠다.

5단계. 장애 요인을 제거한다.

6단계. 즉각 실천한다.

7단계. 꾸준히 전진한다.

여기서 1, 2단계인 '목표를 세운다', '마감 시한을 정한다'는 많은 사람들이 목표를 정할 때 생각한다. 하지만 3, 4단계인 '목표 리스트를 만든다', '행동 계획을 짠다'까지 실천하는 사람은 많지 않다. 이 3, 4단계를 한눈에 보이게 플래너 양식으로 만든 것이 지금 내가 사용하는 액션 플래너다. 업무에 적용할 땐 프로젝트 플래너라고 부르기도 한다. 이름은 뭐든 좋다.

ACTION PLANNER (예시)

시작일 : 2021년 1월 1일

Goal

북카페 창업

• By when? 2021년 5월

• How?

시장 조사와 마케팅에 열과 성을 다하자!

우선순위	액션 플랜	시작일	종료일
1	● 학원 등록, 바리스타 전문가 과정 이수		
2	● 입지조사 (부동산).		
3	● 전국 북카페 20점포 돌여. 시장 조사		
4	● 시설 잊 인테리어 공부		
5	● 마케팅책 읽기		
6	● 자금확보		
7	● 점포 임대 계약		
8	● 온라인 마케팅용 SNS 채널 개설		
9	● 인테리어 잊 집기 투입		
10	● 사업자 등록 잊 영업 신고		

Goal achieved

〈액션 플래너〉

앞의 예시를 보면 바로 이해가 될 정도로 단순하고 별 게 없다. 항상 어려운 건 실천뿐이다. 만약 해야 할 일이 더 생각나면 언제든지 추가하면 된다. 중요한 것은 액션 플래너를 쓰고 난 이후에는 목표를 자주 생각하기보다는 당장 해야 할 일, 즉 액션 플랜에만 집중하는것이다. 목표를 쳐다보면 멀게 느껴진다. 목표가 멀다는 생각이 들면 좌절감만 반복된다. 하지만 당장 해야 할 하나의 액션 플랜에만 집중해서 하나하나의 문제를 해결하다 보면 어느 순간 목표가 가까워져 있는 것을 발견하게 된다.

많은 사람들이 미래의 일을 미리 앞당겨서 걱정한다. 그러나 걱정하는 것만으로는 아무것도 바뀌지 않고, 아직 일어나지 않은 일을 내가 좌지우지할 수 있는 능력은 없다. 미래의 목표를 이루기 위해 조금이라도 가능성이 높은 방법을 지금 당장, 이 자리에서 실천하는 것이다. 지금 당장 실천할 수 있는 일들을 자세히 계획하는 것이 바로 액션 플랜이다.

---

* 1. 『백만불짜리 습관』, 브라이언 트레이시, 용오름, 2005.

꿈은 그리기만 하면 그저 꿈에 머무를 뿐!

이번 주까지 필요한 장비 준비하기!

☑️ 체크하기

마감 기한을 정하고 당장 실행 가능한 행동 계획을 세우자.

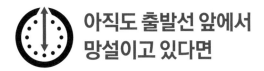

아직도 출발선 앞에서
망설이고 있다면

☑ 신중함이라는 함정

모든 동물은 변화를 두려워한다. 새로운 시도는 검증되지 않았으므로 안전한지 위험한지 알 수 없다. 그래서 무언가를 새로 시작할 때 본능적으로 신중해진다. 하지만 우리는 동물이 아니고 인간이기 때문에 위험을 예측할 수 있다. 위험 부담이 커서 포기할 수도, 위험 부담보다 이득이 더 크다고 판단해서 실행에 옮길 수도 있다.

왜 사람들은 실행 앞에서 주저할까? 몇 가지 이유가 있다. 첫째, 고민은 시작을 유예하는 좋은 핑계이기 때문이다. 두려운 마음에 신중함을 핑계로 시작을 유예하고 있는 건 아닌지 생각해보자. 둘째, 실패에 대한 두려움이다. 수십 년을 살면서 이것저것 시도해봤다가 실패한 경험도, 꾸준히 지속하지 못하고 중간에 포기해버린 경험도 있을 것이다. '또 시도했다가 이번에도 또 실패하면 어쩌지?'라는 걱정이 시작을 가로막는 단골손님이다. 괜히 시도했다가 좌절하고 실망하는 것보다 차라리 아무것도 하지 않고 좌절도 실망도 하지 않는 것을 택하는 것이다. 인생이 돌아가는 과정 자체가 '시도-성공'과 '시도-실패'의 반복이다. 얼마나 당연하고 자연스러운 일인가? 시도했다가 성공하는 것도, 시도했다가 실패하는 것도 별스러운 일이 아니다. 시도하면 결과는 실패거나 성공, 지속하거나 포기하는 것 두 가지 길뿐이다.

책에서 꾸준히 실천하는 법에 대해 힘주어 설명하고 있지만, 일단 시작할 때는 그런 생각 자체를 하지 않아야 한다. 일단 시작하면 성공과 실패의 확률은 반반이지만 시작조차 하지 않으면 결과는 100% 실패다. **잘하고 못하고는 나중에 생각할 문제다. 우리는 가끔 필요 이상으로 나중의 문제를 현재에 끌어와서, 나중에도 맞을 매를 미리 한 번 더 맞고 있다.**

☑ 고민은 짧게, 실행은 빠르게

학생들이 한 줄로 쭉 서서 순서대로 엄청 아픈 주사를 맞는 장면을 한 번 생각해보자. 나는 그 줄의 맨 끝에 서 있는 학생이다. 내 앞에 있는 친구들이 주사를 맞고 비명을 지른다. 점점 순번이 다가온다. 공포심은 점점 더 커진다. 이때 승리자는 일등으로 주사를 맞은 학생이다. 걱정은 하면 할수록 커진다. 하지만 행동은 하면 할수록 걱정을 없앤다. 그러므로 걱정이 된다면 일단 빨리 시작하는 게 답일 수도 있다.

어차피 해야 할 일을 붙잡고서 '어쩌지, 어쩌지' 하며 고민하는 시간이 길어질수록, 긴장감은 더욱 커지고, 잘해야 할 것 같은 마음이 나를 옭아매고, 입을 떼기가 더 두려워진다. 걱정은 시간이 길어질수록 커져서, 점점 시작을 어렵게 한다. 고민의 무게가 조금이라도 가벼울 때 지르는 게 시작을 잘하는 비결일 수도 있다. 그래도 막연한 걱정 때문에, 혹은 준비가 부족한 것 같은 기분 때문에 망설여진다면 다음 3단계를 한번 시도해보자.

첫째, "만약 하려던 일이 실패하면 나 또는 타인이 막대한 손해를 입는가?"라고 질문해본다. 질문에 대한 대답이 'NO'라면 시작한다. 둘째, 그래도 고민된다면 고민의 기한을 정해놓고 고민하자. 며칠의 시간을 나에게 주는 것이다. 기한은 3일 내외가 좋다. 셋째, 고민되는 이유를 모두 종이 위에 적어보자. 사람들의 머릿속에 있는 고민은 대개 비논리적이다. 평소에 걱정이 많은 편이라면, 무슨 생각을 해도 습관처럼 비극한 편을 만들어낼 것이다. 이를 방지하는 좋은 방법이 바로 종이에 쓰는 것이다. 아무렇게나 상상하는 것이 아니라, 생각을 정리해 글로 쓸 때 이성이 작동하기 때문이다. 정해진 형식에 따를 필요는 없지만, 아래 예시를 따라 해보는 것도 좋다.

현재 고민	− 헬스장 회원권 끊어도 될까?
고민되는 이유	− 하루 이틀 나가다가 또 그만두면 등록비를 날리게 된다. − 마땅한 운동복이 없다. − 헬스 초보라서 주변의 시선이 부담된다.
반박	− 해보기 전에는 그만둘지 말지 모른다. 만약 한두 번 나가다가 그만둔다 해도, 나의 손실은 한 달 헬스장 등록비인 10만 원 내외이다. 좀 아깝긴 하지만 치명적이진 않다. − 운동복이야 새로 하나 장만해도 되고, 운동복을 빌려주는 헬스장에 등록해도 된다. − 해보기 전에는 모른다. 사람들은 의외로 남에게 관심이 없을 수도 있다.

이렇게 적다 보면 얼마나 많은 걱정이 사실에 기반을 둔 걱정이 아닌, 내 생각 패턴, 편견, 피해의식 등에 버무려진 쓸데없는 감정 소모였는지 알게 된다. '고민되는 이유'를 쓰고 있

을 때 벌써부터 말도 안 되는 고민이라는 것이 느껴져서 부끄러워질 수도 있다. **글로 쓰면 별 것 아니라는 게 명확해지는 귀여운 고민들인데, 머릿속에서만 걱정을 굴리다 보면 눈덩이처럼 술술 불어난다.** 걱정될 때는 생각을 최대한 멈추고 글로 쓰자. 이 방법은 실행에 대한 걱정이 아닌 살면서 느끼는 모든 종류의 걱정, 불안에 다 도움이 된다.

　나는 심지어 출근하기 싫을 때도 이런 연습을 한다. '왜 출근하기 싫을까?'라고 나에게 질문하고, 그 이유를 쭉 써본다. 이유들을 읽다 보면 굉장히 비논리적이라는 것을 스스로 깨닫게 되고 수많은 반박들이 쏟아진다. 내가 나를 설득하게 된다. '왜 그 사람이 미울까?', '나는 왜 컴퓨터가 고장 나면 화가 날까?' 등 평소에 너무나도 당연하다고 생각했던 주제들에 대해서도 적용해보면 재미있는 결과를 얻을 수 있을 것이다. 그리고 내가 얼마나 비슷한 패턴으로 모든 일을 받아들였는지도 알 수 있다. 내가 뭔가를 시작할 때마다 반복적으로 고민하는 메커니즘을 이해하게 되는 순간 앞으로 하게 될 고민은 조금 더 가벼워질 것이다. '아, 얘 또 이러네' 하면서.

요가를 배우고 싶은데,
잘못 하다 다친 사람도 있다고 하고…

그러고 보니, 나 작년에도
이렇게 생각만 하다 안 했지?

✅ 체크하기

머릿속으로 걱정하는 것을 멈추고, 손으로 직접 쓰면서 고민을 풀어라.

오직 나를 위한
목표를 만드는 법

목표 설정 시 주의할 점

목표란 말 그대로 목표다. 어떤 목표가 좋고 어떤 목표가 나쁘다고 기준을 정할 수는 없다. 다만 목표를 세울 때 사람들이 흔히 하는 실수가 뭔지, 목표를 이루기 위해 노력하는 과정에서 무엇을 주의해야 하는지에 대해 이야기해보려고 한다.

우선 목표를 정할 때는 진짜 내가 원하는 일인지 아니면 목표를 위해 만든 목표인지를 잘 생각해야 한다. 사람들은 늘 남의 시선을 의식하며, 남들이 정한 기준에 맞춰 살아온 세월이 길기 때문에 진짜 내가 원하는 것이 무엇인지 정확히 모르는 경우가 많다. 심지어 내가 원하는 것이 아닌데, 진짜 내가 원하는 것이라고 속는 경우도 많다. 그렇다면 어떻게 나를 위한 목표를 세울 수 있을까?

1) 내 계획에 타인이 포함되어 있지 않은가?

일단 내 계획에 타인이 포함되어 있는지를 확인해봐야 한다. 내가 이 목표를 이루면 엄마가 기뻐하실 것 같아서, 누군가에게 자랑스러운 사람이 되기 위해서 등의 이유가 있는지 생각해보자. 물론 주변 사람의 행복이 결국 나의 행복이 될 수 있다. 하지만 이게 주가 되어서는 안 된다. 내가 정말 원하는 것에서 멀어지게 만드는 중요한 원인이 바로 주변의 시선이다. 나와 남을 모두 만족시키는 목표가 가장 바람직하지만, 언제나 나의 행복이 남의 행복보다 먼저여야 한다.

2) 복수가 목적은 아닌가?

누군가의 코를 납작하게 만드는 것, 나를 무시했던 사람에게 복수하는 것을 목적으로 목표를 정하는 경우도 있다. 이런 목적은 깊은 잠재의식 속에서 만들어지므로 쉽게 눈치채기가 어렵다.

3) 어릴 적 상처 때문에 생긴 욕구는 아닌가?

유난히 집착하게 되는 목표가 있다면 어릴 때의 박탈감이나 상처가 있지 않는지도 확인해봐야 한다. 무리한 다이어트, 과한 돈 욕심, 비싼 차에 대한 욕심 등이 흔한 예다. 머릿속에서는 '내가 좋아하는 명품 브랜드로 드레스룸을 가득 채우면 행복할 거야'라고 생각하고 있지만, 마음 깊은 곳에서는 다른 무언가를 갈구하고 있을지 모른다. 가장 큰 문제는 이런 식으로 정한 목표는 죽도록 노력해서 이룬다 해도 분명히 행복해지지 않을 것이라는 점이다. 그때 허망함을 느끼며 후회하기에는 노력과 시간이 너무 아깝지 않을까?

내 마음을 내가 완벽히 알기는 힘들다. 가짜 목표를 세우는 위험을 방지하기 위한 나의 팁이 있다. 첫째, 목표를 빨리 세워야겠다는 강박을 갖지 않는다. 시간을 많이 두고 천천히 고민해보자. 둘째, 목표는 얼마든지 언제든지 자유롭게 수정할 수 있다고 생각한다. 가능성도, 마음도 늘 열어두자. 먼저 행동해봐야 알 수 있는 것들이 많다. 목표대로 실천하다가 마음이 불편하거나, 지속하고 싶지 않거나, 즐겁지 않다면 그만두고 목표를 바꿔도 된다. 다만 중요한 것은 머릿속으로 이런저런 생각만 하는 게 아니라 열심히 하루하루 최선을 다해 실천해보는 것이다. 그러면 생각하지 못했던 좋은 기회와 목표가 생기기도 한다. 그때마다 마음에 드는 걸 다시 고르면 된다.

목표는 이뤄야 의미가 있을까?

잘 세운 목표는 나를 끌고 가는 힘이 된다. 내가 목표를 향해 노력하면, 목표도 나를 끌어준다. 하지만 여기서도 균형이 중요하다. 맹목적인 목표지향주의에 빠지지 않도록 조심해야 한다. 이걸 이루지 못하면 의미가 없고, 반드시 목표를 이뤄야만 가치 있는 사람이 된다고 생각하는 것은 금물이다. 목표는 집착할수록 독이 된다. 그 이유는 다음과 같다.

1) 삶은 예측 불가능하다

아무리 노력해도 이뤄지지 않을 수 있으니 너무 힘 빼지 말라는 뜻이 아니다. 한 가지 가능성만 열어두고 나머지 모두를 닫아두는 실수는 하지 말자는 것이다. 기회든 위기든 늘 생각지 못한 순간에 생각지 못한 방식으로 온다. 목표를 정해두고 목표를 향해서 열심히 노력하되, 꼭 내가 생각한 목표만이 전부라고 생각하지 않아야 한다. 눈가리개를 쓴 경주마처럼 앞만 보고 달리면 삶의 즐거움을 놓치기가 쉽다.

2) 집착이 가능성을 높이는 것은 아니다

잔뜩 힘을 주고 목표에 집착하고 전력투구한다고 꼭 목표를 달성할 가능성이 높아지는 건 아니다. 다만 오늘 할 수 있는 일에만 최선을 다하면 된다.

3) 이상적인 '나'와 지금의 '나'를 비교하게 된다

목표를 달성하는 것보다 훨씬 중요한 것이 지금 당장 행복해지는 것이다. 목표를 매일 생각하고, 목표를 이룬 내 모습을 상상하는 것이 즐겁고 행복하다면 얼마든지 매일 매 순간 목표를 생각해도 좋다. 하지만 내가 꿈꾸는 이상적인 '나'와 지금의 '나'를 비교하면서 좌절하고 있다면 어떨까? 그럴 거면 차라리 목표를 정하지 않는 것이 낫다. 목표는 하루하루 흔들리지 않게 방향을 잡아주기 위해 존재하지, 지금의 '나'를 하찮게 여기라고 존재하는 것이 아니다.

인생은 계획대로 되지 않는다. 나는 이 의외성이 너무 좋다. 생각지 못한 변수가 위기가 되기도 하지만 의외의 큰 기회가 늘 생각지 못한 순간에 내게 선물처럼 주어지기도 한다. 그리고 그 기회는 준비되어 있을 때만 잡을 수 있다. 비를 내리게 할 수는 없지만, 평소에 큰 그릇을 만들어둔 사람은 빗물을 많이 받을 수 있다. 지금 하는 노력이 큰 그릇을 만드는 일이라 생각하면, 매일 노력하지만 결과에는 연연하지 않는 마음을 가질 수 있다.

| PART 4 |

"하루를 두 배로 만드는 시간 관리법"

저녁 루틴 만들기 2단계, 시간 관리

어릴 때는 주어진 시간표가 답답했다.
때로는 족쇄처럼 느껴지기까지 했다.
그러나 이제 나는 나를 위한 시간표를 만든다.
무엇을 할지 고민하는 시간이 줄어들고
계획대로 내 시간을 알뜰하게 채워나간다.
매일 내 뜻대로 반복되는 일상이
이제는 답답하지 않고 오히려 좋다.

인간에게 가장 힘든 일은
자신을 알고 자신을 변화시키는 일이다.

_ 알프레트 아들러

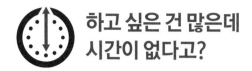

하고 싶은 건 많은데
시간이 없다고?

☑ 흩어진 시간 조각을 찾아서

나는 컴퓨터를 비롯한 전자기기를 정말 못 다루는 편이다. 예전에 아는 감독님께 영상 편집을 배울 때, 폴더와 파일 정리의 중요성부터 귀에 못이 박히게 배웠지만 아직도 야무지게 파일 정리를 못 하고, 가끔은 삭제해야 하는 파일도 그대로 방치한다. 외장 하드디스크에 저장하는 것도 가끔은 귀찮아서 마구잡이로 저장하다 보면 곧 드라이브 용량이 부족하다는 알림 메시지가 뜬다. 그제야 대대적으로 파일을 정리한다. 정리하다 보면 의외로 필요 없는 자동 저장 파일도 많다. 차곡차곡 잘 정리하면 꽤 많은 용량을 확보할 수 있어 한동안 컴퓨터를 넉넉하게 잘 쓸 수 있다.

우리는 늘 바쁘고 시간이 없다고 말한다. 하루는 24시간이라는 용량으로 한정되어 있고, 그중 7~8시간은 잠자는 시간으로, 또 다른 8~10시간은 출근해서 일하는 시간으로 고정되어 있다. 컴퓨터로 치면 기본 운영체제가 차지하는 용량 같은 것이다. 컴퓨터는 돈을 들이면 하드디스크 용량을 업그레이드할 수 있지만, 시간은 그렇지 않다. 굳이 비유하자면, 업그레이드가 불가능한 하드디스크를 쓰고 있는 것이다. 그렇다고 기본적인 수면 시간을 줄이면서까지 시간 용량을 확보하는 것은 추천하지 않는다. 나를 소모해가며 하는 일은 오래 지속할 수 없기 때문이다.

시간이 없고 바쁘다는 사람들의 일상을 잘 살펴보면 쓸데없이 버리는 시간들이 많다. 컴퓨터 파일을 정리하듯 항상 일상과 시간을 잘 갈무리해야 한다. 물론 어렵다. 나 역시 정리에는 재능이 없어서, 폴더 정리뿐만 아니라 물건 정리도, 시간 관리도 정말 못하는 사람이었다. 하지만 이대로는 안 되겠다는 생각에 데일리 플래너를 사용해 시간을 관리하다 보니 이제 남들에게 공유하고 싶은 노하우가 차곡차곡 쌓였다.

☑️ 우리는 왜 늘 시간이 없을까?

내가 시간 관리를 하기 시작한 계기는 단순하다. 하고 싶은 일은 많은데, 직장 생활도 놓치고 싶지 않고, 내가 하고 싶은 일도 잘하고 싶었지만 시간이 없었기 때문이다. 체력의 분배와 시간의 분배가 필요했다. 해야 할 일을 빠르게, 집중해서 처리하고, 시간과 일정을 계속 정리하다 보니 어느덧 시간을 어떻게 관리해야 하는지 알게 되었다. 시간을 내 마음대로 다루게 되자 무슨 일이든 내가 원하는 일을 시간 걱정하지 않고 자유롭게 할 수 있다는 것이 가장 좋았다. 좋은 기회들을 시간이 없을까 봐 거절하지 않아도 됐다.

우리는 왜 늘 시간이 없을까? 첫째, 시간을 그냥 흘러가게 놔두기 때문이다. 시간은 물리적인 형태를 갖추고 있지 않으므로 손으로 꽉 붙들 수 없다. 그러나 시간을 '붙잡는' 방법이 있다. 우선 시간의 특성을 이해해보자. 시간은 의식하고 쳐다보고 있으면 천천히 간다. 시간을 잊고 있으면 빠르게 간다. 세상에서 가장 시간 안 가는 3대 케이스가 있다. 컵라면 익기를 기다리는 시간, 플랭크 자세를 유지하는 시간, 전역을 기다리는 시간이다. 이 3대 케이스는 왜 시간이 느리게 갈까? 앞에서 설명했듯이 시간을 주시하고 있기 때문이다. 같은 원리로 시간을 잊고 있으면 시간은 빨리 간다. 백화점이나 쇼핑몰에 창문과 시계가 없는 이유도 고객들이 시간의 흐름을 잊게 만들어서 더 오래 머물게 하기 위해서다.

퇴근하고 집에 와서 씻고 밥만 먹었을 뿐인데 시간이 순식간에 사라졌다고 느낀다면, 시간을 의식하지 않고 마음대로 자유롭게 흘려보내고 있기 때문이다. **시간을 의식하여 사용하다 보면 갑자기 퇴근 후 시간이 매우 긴 것처럼 느껴질 것이다. 이런 식으로 24시간을 계속 모니터링하는 습관을 들이면 남들보다 두 배 긴 하루를 살 수 있다.**

시간이 없는 두 번째 이유는, 중요하지 않은 일들에 시간을 빼앗기기 때문이다. 하루 중 내가 해야 하는 일, 혹은 하고 싶은 일 등 가치 있는 일을 하는 시간은 생각보다 그리 길지 않다. 친구들과 메신저로 쓸데없는 이야기를 주고받는 시간, 실시간 검색어를 클릭하고 살펴보는 시간, SNS를 습관적으로 뒤적거리는 시간만 합쳐도 생각보다 길다. 30분마다 직전 한 타임을 어떻게 보냈는지 리뷰해보면 내가 어떻게 시간을 쓰고 있는지 정확하게 파악할 수 있다.

☑ 시간을 인식하며 관리하라

같은 일을 하는데도 퇴근 시간이 되어도 일을 다 끝내지 못해 집에 일거리를 가지고 오는 사람이 있고, 업무 시간 안에 일을 다 끝내고 퇴근 후 여가를 즐기는 사람이 있다. 이들의 차이는 무엇일까? 단순히 생각하면 집중력 차이라고 생각할 수 있겠지만, 앞에도 말했듯이 시간을 '인식하고 있느냐'가 중요한 포인트다. 물론 온종일 계속 시계를 쳐다보고 있으라는 말이 아니다. 지금은 몇 시이고, 이 일을 시작한 지 몇 시간 정도 지났고, 지금 내가 무슨 일을 하고 있는지 알고 있어야 한다. **멍 때리는 순간에도 시간은 재빠르게 도망친다. 시간을 늘 주시해야 한다.**

출근해서 일하는, 아니 '일한다고 생각했던' 8시간을 조각조각 분해하면 일하는 시간과 일하지 않고 멍하니 보내는 시간이 복잡하게 뒤섞여 있을 것이다. 일하는 시간 속에도 집중해서 일한 시간과, 정신을 반쯤 놓고 일한 시간이 섞여 있을 것이다. 그러므로 의식 한편에 관찰자를 두고, 내가 지금 무슨 일을 하고 있는지, 이 일을 마치기로 목표한 시간은 얼마나 남았는지 반복해서 확인하는 습관이 필요하다. 그러다 보면 중요한 일이 아닌 다른 일에 시간을 쓰고 있다는 것 역시 빨리 알아차릴 수 있다.

　일상에서도 마찬가지다. 누구에게나 주어진 시간은 똑같이 24시간인데, 누군가는 특별히 하는 일도 없으면서 늘 바쁘다는 말을 달고 살고, 다른 누군가는 이미 많은 일을 해내고 있으면서도 새로운 기회가 오면 놓치지 않는다. 이것 역시 시간을 인식하느냐, 하지 않느냐의 차이다. 시간을 인식하지 않고 쓰는 사람은 밑 빠진 독에 시간을 담아두고 쓰는 것과 같다. 어디서 시간이 새는지 찾으려면 데일리 플래너(혹은 데일리 리포트)를 써야 한다. 새는 시간을 확인하고 밑 빠진 독을 수선하는 데 가장 좋은 방법이다. 나 역시 꾸준히 실천하고 있는 시간 관리 핵심 습관이다.

　이제 우리는 앞으로 시간을 주시하고, 모니터링하는 법에 대해 알아볼 것이다. 우리가 시간을 어떻게 사용하는지 파악하고 나면, 무엇을 어떻게 고쳐야 할지 눈에 보이기 시작할 것이다.

☑ 체크하기

시간에 관심을 기울일 때 시간은 더 길어진다.

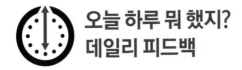

오늘 하루 뭐 했지?
데일리 피드백

☑ 정각마다 한 일을 기록하라

'앞으로 시간 관리 잘 해봐야겠다!'라고 생각한 사람이 가장 먼저 떠올리는 것은 바로 플래너일 것이다. 기본적으로 플래너는 해야 할 일을 미리 계획하기 위해 쓰는 것이다. 하지만 나는 시간 관리를 위해서라면 사전 계획보다 사후 기록이 중요하다고 생각한다. 실제로 나를 훨씬 더 많이 변화시킨 것도 사후 기록이고, 심지어 더 실천율이 높았던 때도 사후 기록에 집중할 때였다.

사후 기록이란 어느 시간에 어떤 일을 하겠다고 미리 계획하고 기록하는 것이 아니라, 어떤 일을 마칠 때마다, 혹은 1시간마다 방금까지 한 일을 기록하는 방식이다. 이미 벌어진 일을 기록하는 게 무슨 의미가 있을까? 먼저, 내가 1시간마다 뭘 했는지 관찰할 수 있다. 그리고 꾸준히 기록하다 보면 나의 특정한 시간 사용 패턴을 발견할 수 있다. 어느 시간대에 집중이 잘 되는지, 언제 어디에서 어떤 종류의 일을 할 때 효율이 떨어지는지 확인할 수 있다. 즉각적인 반성도 가능하고, 하루를 마치면서 오늘 하루 시간을 어떻게 사용했는지 피드백할 수 있다. 이렇게 새는 시간을 확인하고 나면 새로운 일을 할 시간도 확보할 수 있다.

그래서 나는 직전 1시간 동안 뭘 했는지 사후에 기록하는 방식으로 플래너를 사용한다. 이것이 나의 플래너 쓰는 법의 전부다. 매우 간단하지만 습관이 되기 전까지 실천하기가 굉장히 어렵다. 일단 정각마다 기록해야 한다는 사실 자체를 깜빡하는 경우가 많다. 우리는 낮에도 꿈꾸는 것처럼 습관에 몸을 맡기고 생활하기 때문이다.

현실적으로 주머니에 플래너를 넣어놓고 정각마다 꺼내 기록하는 건 힘들기 때문에, 각종 도구들을 이용한다. 나는 생각날 때마다 카카오톡 '나와의 채팅' 기능에 지금 내가 하고 있는 일을 메시지로 보낸 뒤 나중에 옮겨 쓰는 편이다. 어떤 일을 하다가 다음 일로 넘어갈 때 메시지를 툭 보내면 그만이다. 메시지를 보낼 때마다 전송 시각이 자동으로 기록되니 좋다. 이렇게 생각날 때마다 메시지를 전송해놓고, 책상 앞에 앉았을 때 혹은 저녁에 자기 전에 플래너에 쭉 옮겨 쓰면 된다. 이 외에도 어떤 시간에 어떤 일을 했는지 간편하게 기록할 수 있는 '토글(toggl)' 같은 앱을 활용해도 좋다. 시간 관리에 도움되는 앱은 뒤에서 한번에 소개하겠다.

☑ 사후 기록형 데일리 플래너 쓰는 법

나는 데일리 플래너 없이는 시간 관리에 대해 설명할 수 없을 만큼 사후 기록은 시간 관리의 기본이자 전부라고 생각한다. 사후에 기록하는 방식이기 때문에 '데일리 리포트'라고 부르는 사람들도 많은데, 여기서는 '데일리 플래너'로 통일하도록 하자. 데일리 플래너는 크게 타임라인, 투 두 리스트, 물·식사 기록 칸으로 구성되어 있다. 다음 페이지에서 하나씩 짚어보자.

DAILY PLANNER (예시)

Date : 2021년 1월 5일

Today's goal

안나는 오든 사람에게 친절하게 대하자

Timeline

기상	06:00	
운동	07:00	운동
	08:00	이동
	09:00	출근, 메일 확인
	10:00	오전 회의
	11:00	업무
	12:00	점심식사
	13:00	업무
	14:00	시간낭비 (헬서핑)
	15:00	보고서작성
	16:00	발표 준비
	17:00	업무, 퇴근
케빈이랑 저녁	18:00	저녁식사, 커피
	19:00	커피
전공 공부	20:00	전공 공부
	21:00	전공 공부
독서, 영상	22:00	독서, 영상
	23:00	휴식
	24:00	

To-Do List

1 보고서작성 완료 ☐
2 전공공부 ☐
3 책 <저녁 루틴의 힘> 읽기 ☐
4 ☐
5 ☐
6 ☐
0 ☐
0 샤프심 사기 ☐
0 인터넷 설치 예약 ☐

Water

● ● ● ○ ○ ○ ○ ○

Meal

B. 베이글빵
L. 비빔국수
D. 한정식
S. 쿠키 2개

1) 투 두 리스트

전날 저녁에 내일 해야 할 일을 미리 적는다. 생각나는 대로 적지 말고 중요한 일부터 순서대로 1번에서 6번까지 기록한다. 아래쪽에 0번으로 표기된 곳에는, 중요도와 관계없이 오늘 안에 처리해야 할 잡다한 일을 쓴다. 예를 들어, '거리에 문구점 있으면 샤프심 하나 사기' 같은 일이다. 투 두 리스트는 당일 아침에 쓰는 것도 괜찮지만, 전날 저녁에 쓰는 것을 더 추천한다. 저녁에 내일 할 일을 종이 위에 기록한 사람이 그렇지 않은 사람보다 평균 9분이나 일찍 잠들 수 있다는 연구 결과도 있다. 해야 할 일을 종이 위에 기록하면 머릿속에 저장하고 신경 쓰느라 애쓰지 않아도 되기 때문이다.[1] 또한 전날 저녁에 다음 날 할 일을 적어두면 아침에 일어나자마자 목표 지향적으로 바로 움직일 수 있다는 장점이 있다.

2) 타임라인

사후 기록이 중요하다고 해서 사전 계획을 하지 않을 수는 없다. 시간 기준으로 왼쪽에는 사전 계획, 오른쪽에는 사후 기록을 한다. 사전 계획란에는 투 두 리스트에 있는 일정을 시간대별로 적을 수 있다. 시간을 정해놓고 진행하는 루틴 혹은 그날의 약속 같은 것을 적으면 좋다. 시간 양쪽에 사전 계획과 사후 기록을 할 수 있어서 계획을 얼마나 지켰는지 바로 비교해볼 수 있다. 또 어떤 일을 할 때 예상했던 시간보다 더 오래 걸리거나 더 빨리 끝나는 등의 변수를 파악하기 좋다. 하지만 기억할 것은 사후 기록이 이 플래너의 핵심이라는 것이다. 가장 중요한 점은 시간이 다 흐른 다음 기억을 더듬으며 저녁에 몰아 쓰면 안 된다는 것이다. 사람은 오늘 온종일 한 일을 시간별로 디테일하게 기억하지 못한다. **기억에 의존해서 쓰는 것은 결국 쓰지 않는 것과 똑같다. 사후 기록을 하는 목적은 내가 생각지 못한 순간에 무의식적으로 흘려보내고 낭비하는 시간을 정확히 파악해서 줄이는 것이기 때문이다.**

오늘 한 일을 모두 적었다면 다섯 가지 혹은 여섯 가지 범주로 나눈 후 색을 지정하는 것도 추천한다. 전공 공부는 노란색, 크리에이터로서의 업무는 분홍색, 회사 업무는 빨강색, 자기계발은 파란색, 휴식은 녹색, 시간 낭비는 회색으로 분류한다. 색을 칠하면 오늘은 어떤 일에 얼마나 시간을 썼는지 한눈에 직관적으로 볼 수 있어서 좋다. 또 저녁에 집에 와서 형광펜을 칠하면서, 오늘 하루를 어떻게 보냈는지 다시 한 번 체크하고 반성할 수 있다.

주의할 점은 회사에 있던 모든 시간을 뭉뚱그려 '일'로 기록하거나, 책상 앞에 앉아 있던 모든 시간을 모두 '공부'로 기록해서는 안 된다는 점이다. 업무를 했다면 어떤 업무를 했는지 최대한 자세히 기록하자. 일과 중에 웹서핑이나 동료들과의 잡담 등 딴짓을 했다면 모두 솔직히 기록하자. 공부를 했다면 과목까지 다 기록하자. 사이사이 낭비되는 시간을 잡는 데 큰 도움이 된다.

3) 물/식사 기록

중요하다고 생각하는 것을 매일 기록할 수 있는 칸이다. 나는 물 섭취와 식사를 중요하다고 생각하기 때문에 매일 기록 중이다. 운동을 하는 사람은 운동량을 기록하는 칸으로 대신 사용하면 된다.

☑ 직접 피드백하고 스스로 개선하기

처음 데일리 플래너를 써보면, 생각보다 시간 낭비를 많이 하고 알차게 보낸 시간이 적다는 것에 깜짝 놀랄 것이다. 객관적으로 매시간 기록하지 않으면, 우리의 머릿속은 하루의 시간을 뭉뚱그려 기억한 다음 대략적으로 '오늘은 바쁜 하루였어', '오늘은 책상 앞에 오래 앉아 있었는데 왜 한 일은 이것밖에 없지?'와 같은 식으로만 생각하게 된다. 문제를 잘 파악해야 개선도 잘 할 수 있다. 딱히 개선을 하려고 애쓰지 않아도, 매일 저녁 '팩트 폭력'을 당하다 보면 행동이 의식적으로 개선될 수밖에 없다. **누가 시켜서 강제로 바뀌는 게 아니라, 필요성을 직접 확인하고 반성하고 개선하면 진짜 내 습관이 되는 것이다.** 시간 관리에 대한 책을 수백 번 읽는 것보다 데일리 플래너를 한 달 직접 써보는 게 시간 관리에 훨씬 도움이 될 것이라고 장담한다.

데일리 플래너를 쓰는 것은 확실히 어려운 일이다. 매시간 잊지 않고 기록하는 것은 처음 해보면 쉬운 일이 아니다. 중간중간 기록하는 것을 잊어도, 완벽하게 쓰지 못해도, 포기하지 않고 지속해나가는 것이 포인트다. 시행착오를 거치며 어떻게든 포기하지 않고 끈기 있게 버티면 기록이 숨 쉬듯이 자연스러워지는 날이 온다. 그날이 오면 처음 플래너를 쓰기로 다짐하고 버틴 나 자신에게 분명 고마워하게 될 것이다.

---

* 1. 『잘 쉬는 기술』, 클라우디아 해먼드, 웅진지식하우스, 2020.

오늘 내가 시간을 이렇게 사용했구나.

시간을 기록하니까, 하루가 진짜 내 거 같아.

☑ 체크하기

시간을 기록하는 것만으로도, 시간에 대한 주도권을 가질 수 있다.

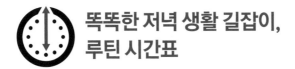

똑똑한 저녁 생활 길잡이, 루틴 시간표

☑ 언제 어떤 일을 해야 가장 효율적일까?

우리는 앞에서 우리에게 주어진 시간을 촘촘하게 기록하는 법에 대해 알아보았다. 이제는 그 기록을 활용할 차례다. 그 어떤 시간보다 저녁 시간은 잠깐 틈을 주면 금방 사라져버린다. 그렇기 때문에 저녁 시간을 알뜰하게 활용하고 싶다면, 정해진 시간에 정해진 일을 하는 루틴을 만드는 것이 좋다.

어느 시간대에 어떤 일을 하면 가장 효율적일지 알아보려면, 데일리 플래너를 쓰면서 집중도를 같이 기록하면 된다. 데일리 플래너에 기록하며 살펴본 결과 나는 오전에는 체력적인 에너지가 높아 몸을 쓰는 일이 잘 되는 편이고, 저녁에는 크리에이티브한 일이 잘 되는 편이었다. 그래서 운동은 아침에, 영상 편집이나 글 쓰는 일은 저녁에 주로 한다. 이렇게 본인에 맞게 계획적으로 시간별 목표를 배분해 루틴화하는 것이다. 구체적으로 방법을 알아보자.

☑ 1단계: 여유 시간 파악하기

하루 중 내가 쓸 수 있는 여유 시간을 모두 기록해본다. 어느 시간에 어떤 일을 할지 계획을 세우려면, 일단 여유 시간부터 파악해야 하기 때문이다. 나는 출근 시간이 오전 10시로, 남들보다 조금 늦은 편이라, 오전에 2시간 정도, 퇴근 후의 3시간 정도가 확보 가능하다. 9시에 출근을 하더라도 직장과의 거리에 따라 여유 시간은 달라질 것이다. 만약 통근 시간이 길다면 저녁 시간만 확보해도 충분하다.

정기적으로 할애해야 하는 시간도 모두 기록해 여유 시간에서 뺀다. 예를 들어, 퇴근해서 저녁 먹는 시간, 반려동물 저녁 산책 시간 등 이미 루틴으로 자리 잡은 일들이 있을 것이다. 이렇게 정기 일정까지 뺀 나머지 시간이 순수 자유 시간이다. 정기 일정을 먼저 빼는 이유는, 하고 싶은 일을 하는 데 정신이 팔려 기본적이고 중요한 일들을 놓아버리지 않기 위해서다. 실제로 이것저것 바쁘게 하다가 정말 중요한 일과 중요한 사람들을 소홀히했던 나의 뼈아픈 경험에서 우러난 노하우다.

☑ 2단계: 하고 싶은 일, 소요 시간, 집중도 파악하기

하고 싶은 일과 예상 소요 시간, 필요한 집중도를 생각해보자. 계획적으로 매일 혹은 일주일에 두세 번 등 꾸준히 하고 싶은 일이 있다면, 하루에 몇 시간 정도 이 일을 할지 정하자. 예상 소요 시간을 머릿속으로 생각한다면 실제와 크게 차이가 날 것이다. '아이 뭐, 이 정도면 1시간으로 충분하지!'라고 생각하지만, 막상 해보면 만만치 않은 경우가 많다. 사후 기록 데일리 플래너는 예상 소요 시간을 조금이라도 더 현실성 있게 파악하는 데 도움이 된다. 시간별로 한 일을 모두 기록했기 때문에, 예전에는 이 일을 하는 데 어느 정도 시간이 걸렸는지 금방 파악할 수 있다. 처음 하는 일이라면, 일단 예상 소요 시간을 1.5배 정도로 넉넉히 잡고 실행하면서 수정하면 된다.

☑ 3단계: 저녁 루틴 시간표를 만든다

여기까지 완료했다면 마지막으로 학생 때 했던 것처럼 주간 시간표를 짜보자. 나만의 저녁 루틴 시간표를 완성하는 것이다. 대학생 강의 시간표처럼, 블럭 형태로 배치하면 된다. 실제로 실천해보면, 예상과는 많이 다를 것이다. 어떤 일은 생각보다 시간이 많이 걸릴 수도 있고, 어떤 일은 저녁에 하기에는 에너지 소모가 클 수도 있다. 필요에 따라 적절하게 수정해가며 사용하자.

계획 수정을 실패로 받아들이는 사람이 많은데 절대 그렇지 않다. '전략적 수정'이라고 생각하자. 아예 초고는 수정하기 위해 아웃라인만 잡는다 생각하고 대강 잡아놓은 후, 실천하면서 수정해서 완성해나가는 것이다.

☑ 시간표는 나를 감시하고 가두는 용도가 아니다

누군가에게는 시간표처럼 짠 루틴이 족쇄로 느껴질 수도 있다. 물론 시간표를 짜놓으면 시간 단위로 지켜야 한다는 강박을 가질 수 있을 것이다. 10시부터 영어 공부를 하기로 시작

EVENING PLANNER

Time table

	MON	TUE	WED	THU	FRI
17:00	업무 시간				
18:00	퇴근하면서 팟캐스트 청취				
19:00	저녁 식사 및 집안일				
20:00	업무 관련 칼럼 읽기		영상 기획 및 편집		
21:00	영어 공부				
22:00	요가 후 샤워				
23:00	클래식 감상하며 독서				
24:00	데일리 플래너 작성 / 영상 후 취침				

〈저녁 루틴 시간표〉

했는데 늦어지면 스트레스를 받는 식이다. 심지어 몇 분 지났다는 이유로 아예 포기해버리는 경우도 많다. 계획을 세우고, 시간별 목표를 정하는 이유는 스스로를 몰아붙이고 가두기 위함이 아니라 편의를 위해서라는 것을 기억하자. 갑자기 스스로 운용할 수 있는 자유시간이 턱 하고 주어지면 당장 뭘 해야 할지 잘 모를 수밖에 없다.

특히 나는 산만하고 하는 일도 많기 때문에 시간표를 만들어두지 않으면 더 허둥지둥한다. 그래서 해야 할 일들을 단순하게 정리하기 위해서 시간표를 짜고 그대로 따르는 것을 선택했다. 엄청나게 두껍고 복잡한 전공 책에서 필요한 부분을 빠르게 찾기 위해 색인을 만들어놓은 것 같은 느낌이다.

어릴 때는 주어진 시간표가 답답하고, 족쇄처럼 느껴졌다. 하지만 해야 할 일이 많아진 지금은 이렇게 체계적으로 구성한 일정이 있는 것이 오히려 마음이 가볍다. 그때그때 어떤 일을 해야 할지 고민하느라 어수선한 일상을 사는 것보다 시간별 목표를 잘 계획해놓고 그대로 따라가는 삶이 단순하고 좋다. 만약 더 급한 일이 생기거나, 더 하고 싶은 일이 생긴다면 나는 계획대로 행동하지 못하는 것에 대해 스트레스 받지 않고 그날그날 유연성 있게 계획을 조정한다. 계획은 나를 돕기 위해 이용하는 것이지, 나를 감시하고 가두기 위해 세우는 것이 아니라는 점을 명심하자.

☑ 계획은 지속 가능한 방향으로

흔히 '필 받으면' 하나에 미친 듯이 매몰되는 사람이 있다. 어쩌면 뭔가를 시작했을 때 빨리 성과를 내고 싶고, 내가 원하는 수준까지 도달하고 싶은 욕심 때문일 수도 있다. 하지만 이렇게 처음부터 열정을 불태우는 것은 위험하다. 에너지가 너무 빨리 소진되어서 흥미를 잃고 지쳐서 포기하게 될 가능성이 높기 때문이다. 아무리 재미있어도, 아무리 한번에 모든 단계를 뛰어넘고 싶어도 중도를 지켜 조금씩 꾸준히 하자. 이 중도를 늘 알아차리기가 힘들기 때문에, 시간별 계획 단계에서 목표를 적절하게 분배하는 것도 중요하다. 더 하고 싶어도 쉬어야 한다. 계획한 분량을 마쳤다면 다른 일로 넘어가는 것이 중요하다.

자기계발이든, 공부든, 일이든, 사이드 프로젝트든 내가 가장 중요하게 생각하는 것은 '지속 가능한' 것이다. 지속 가능한 자기계발, 지속 가능한 사이드 프로젝트. 처음 어떤 일을 시작할 때는 하루에 하는 양이 조금 적다고 느낄 정도가 적절

하다. '공부를 하루에 30분만 해도 효과가 있을까?'와 같은 의
구심이 든다면 그 정도가 딱 좋다. 30분도 많다는 생각이 드
는 데는 보름이 채 안 걸릴 것이다.

샤워하고 책 읽고 스트레칭하면 오늘 루틴 끝!

할 일이 정해져 있으니까 시간 낭비도 없네.

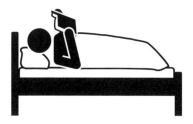

☑ 체크하기

뭘 할지 고민하는 동안 시간은 하염없이 흘러간다.

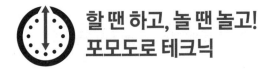

할 땐 하고, 놀 땐 놀고!
포모도로 테크닉

☑ 내리막길에 굴러가는 오렌지

해야 할 일은 많고, 시간은 늘 부족하다. 우리는 늘 많은 일에 짓눌려서 산다. 내 몸보다 큰 종이 봉투에 오렌지를 가득 담고 위태롭게 내리막길을 걸어가는 것 같다. 그러다가 결국 종이 봉투가 터지고, 정신없이 굴러 떨어지는 오렌지를 주워 담으려고 하지만 터진 봉투에서는 계속 오렌지가 떨어진다. 하나를 주워 담으면 두 개를 흘리고, 또 굴러가는 오렌지를 다급하게 줍는다. 이렇게 하루를 보내고 나면 진은 있는 대로 다 빠지고, 명쾌하게 해결된 일은 아무것도 없는 채로 하루가 저문다.

나는 어떤 일을 매일 꾸준히 지속하는 건 잘하지만, 한번 할 때 집중력이 매우 짧은 편이다. 그래서 예전에는 A를 하다가 갑자기 머릿속에 B가 스쳐 지나가면, 하던 일을 멈추고 B에 홀리곤 했다. 그러다 다시 하던 일로 돌아와 집중하기까지 시간이 많이 걸렸다. 나는 정신을 한곳에 묶어놓는 것이 가장 어려웠다. 처음에는 단순하고 무식하게 집중력을 잃으면 샛길로 샜다가, 다시 원래 길로 돌아오고, 다시 샛길로 빠졌다가, 또 원래 길로 돌아오는 일을 반복했다. 전략이라고 할 수 없는 굉장히 비효율적인 방법이었다. 이런 식으로 일을 하면 들이는 힘에 비해 결과물은 적을 수밖에 없었기 때문에 체력적으로 정신적으로 너무 힘들었다. 그래서 나는 다른 방법을 찾았다.

☑ 포모도로 테크닉: 45분 집중-15분 휴식

허둥지둥 많은 일들에 휩쓸리지 않으려면 자기 자신을 현재 하는 일에 묶어두어야 한다. 태생적으로 산만한 나는 항상 어떤 일을 하면서 자꾸 다른 곳에 다녀왔다. 내 몸은 현재, 여기 책상 앞에서 이 일을 하고 있는데, 머리는 자꾸 어제 했던 일, 내일 해야 할 일을 생각하곤 했다. 그러니 집중력이 약해지고 몰입을 못할 수밖에 없었다. 그래서 나는 어딘가에 나를 묶는 연습을 했다. 물론 진짜 물리적으로 몸을 의자에 묶은 건 아니고, 자꾸만 어딘가로 도망가려는 내 정신을 말뚝에 묶어놓을 방법들을 고민했다.

그중 가장 효과가 있었던 것은 포모도로 타이머였다. 집중력을 높이고, 단위 시간당 일의 효율을 가장 높여주는 도구다. 포모도로 타이머란 토마토 모양 주방 타이머를 말한다. 그리고 '포모도로 테크닉'이란 이름처럼 타이머를 맞춰놓고 일을 하는 것이다. 마감 시간이 정해진 미션처럼 일하는 건 아니고, 일에 집중하는 시간에는 일 외의 다른 것을 하지 않는 데 의의가 있다.

방법은 간단하다. 집중 시간과 휴식 시간을 정한다. '45분 집중-15분 휴식' 사이클이 나에게는 가장 적당했다. 할 일이 많으면 급한 마음이 들어 쉬는 시간이 너무 길지 않나 싶을 수도 있지만 제대로 집중만 한다면 45분은 충분히 긴 시간이다. 물론 사람마다 집중력이 다르므로 시간을 늘리고 줄이며 자신에게 가장 잘 맞는 포모도로 사이클을 정하면 된다. 이렇게 한 번 집중하고 한 번 쉬는 것을 '1 포모도로 사이클'이라고 한다.

중요한 것은 집중 시간에는 절대 다른 일을 하지 않고, 쉬는 시간에는 반드시 쉬는 것이다. 일의 종류를 바꾸는 것도 안 된다.

예를 들어 자료를 조사하다가 갑자기 보내야 하는 메일이 생각나도, 메일을 보내는 일로 넘어가서는 안 된다. 갑자기 생각나는 일이 있다면 옆에 메모했다가 한 사이클을 끝낸 이후에 한다. 당연히 스마트폰은 자리에서 멀리 치워 놓고 확인하지 않는다.

포모도로 타이머가 아닌 일반적인 스톱워치를 사용해도 되고, 남은 시간이 빨간색으로 표시되는 구글 타임 타이머 형식도 좋고, 스마트폰 앱도 좋다. 앱 스토어에 '포모도로 타이머'라고 검색하면 무료 앱이 많이 나오니 마음에 드는 걸로 골라 다운받아 사용하면 된다. 이렇게 사이클을 반복하다가, 3에서 4 포모도로 사이클을 마치고 나서는 30분 이상 길게 휴식한다. 포모도로 테크닉은 제대로 쉬는 것도 제대로 일하는 것만큼이나 중요하다. 평소 일하던 것보다 훨씬 더 집중해서 일하게 되므로 에너지 고갈이 빠르고 정신적인 소모가 심하기 때문이다. 45분 동안 쥐어짜고, 15분 동안 숨통을 틔워주는 식으로 일한다고 이해하면 쉽다. 포기하고 싶어도 45분을 버텨내는 습관이 익숙해지면 점점 더 집중력도 좋아진다. 산만하고 잡생각이 많은 사람들에게 반드시 추천하는 방법이다.

아 맞다, 내일 저녁에 뭐 먹지?

45분 뒤에 맛집 찾아보자.

☑ 체크하기

현재 하고 있는 일에 의식적으로 자신을 묶어야 한다.

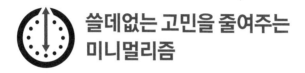

쓸데없는 고민을 줄여주는 미니멀리즘

☑ 꼭 쓰지 않아도 될 시간 정리하기

직장을 다니면서 하고 싶은 걸 정말 '다' 할 수는 없다. 시간이 한정되어 있기 때문이다. 그렇기 때문에 우선순위를 정하는 것이 중요하다. 중요도가 낮은 것을 잘 포기하는 것도 전략이다. 잘 포기하는 것은 뭘까? 내 삶에서 덜 중요한 것을 가차 없이 삭제하는 것이다. 더 이상 쓰지 않는 파일을 잘 삭제하는 것처럼. 그러다 보면 일상이 미니멀해진다.

미니멀리즘은 쓸데없는 시간 낭비뿐 아니라 돈 낭비도 줄여준다. 예를 들어, 나는 옷도 계절별로 좋아하는 옷 몇 가지만 두고 돌려 입는다. 심지어 그마저도 복잡해서 봄, 가을에는 교복이라고 부르는 매일 입는 출근복도 마련했다. 화장품도 쓰던 게 떨어지면 굳이 새 제품을 구경하지 않고 같은 제품으로 재주문한다. 요즘 어떤 화장품이 새로 나왔는데 피부가 밝아진다더라, 저 아이섀도가 발색이 더 좋고 가성비는 어떤 게 더 좋다더라, 이런 것들에 신경을 쓰고, 고민하고, 인터넷을 쥐 잡듯이 뒤지는 시간이 줄어든다.

카메라도 마찬가지다. 유튜브 채널을 삼 년 넘게 운영하면서, 계속 같은 카메라만 쓰고 있다. 이렇게 최소한의 선택지만 가지고 사는 것은 선택하는 시간과 에너지를 절약해준다. 새로운 카메라는 어떤 것을 살지 고민하며 카메라 기종별 리뷰를 찾아보는 시간이 줄어든다. 매일 아침은 소이라떼와 블루베리 베이글만 먹는다. 핸드폰과 카메라는 고장 나기 전까지 바꿀까 말까 고민하지 않는다.

옷을 사고 매일 아침 입을 옷을 고르는 일, 새로 나온 화장품이 뭐가 있는지 구경하는 일, 뭐 먹을까 고르는 일 등 선택 때문에 고민하는 일은 더 중요한 일을 할 수 있는 시간과 에너지를 빼앗는다. 무엇보다 이 모든 일은 내 삶에서 별로 중요하지 않다. 누군가는 뭐하러 그까짓 몇 분까지 아끼면서 사느냐고 할지 모르지만, 작은 시간이 모이면 꽤 긴 시간이 된다.

선택에 대한 고민은 시간뿐만 아니라 꽤 많은 체력도 필요로 하는 일이다. 더 가치 있는 일에 고민할 힘을 비축하는 것이 좋다.

하고 싶은 게 많은데 시간이 없다면 진짜 시간이 없는 것인지, 가장 하고 싶은 일을 하기 위해 덜 하고 싶은 것을 포기할 용기가 없는 것인지 생각해봐야 한다. 게으른 생활의 편안함을 포기할 용기가 없는 것일지도 모른다. 아무것도 포기하지 않으면서 혹은 노력하지 않으면서 그저 시간이 없다며 너무 쉽게 단념하지 않았는지 돌아보자. 중요한 일을 중심으로 다른 모든 중요하지 않은 자질구레한 일은 삭제해보자.

☑ 급하지 않지만 중요한 일도 있다

나 역시 처음 사이드 프로젝트를 시작할 때는 시간 관리도 잘 못했고, 우선순위를 잘 세울 줄 몰랐다. 일에 미친 사람처럼 정신없이 일을 벌여놓은 다음 쫓기듯이 수습하는 생활을 계속 하느라 주변 사람들에게 신경을 많이 쓰지 못했다. 친한 친구들과의 약속, 가족과의 시간 모두 뒤로 미루고, "미안, 요즘 너무 바빠서", "다음에, 시간 나면" 이 말만 반복하는 앵무새

같았다. 일하는 시간과 쉬는 시간이 분리되지 않으니 사람이 점점 이상해졌다. 바쁘다는 이유로 소중한 사람과 멀어지기도 했고, 서운하게도 만들었다.

어느 순간 내가 세운 원칙이 있다. 교회 다니는 사람처럼 살자. 나는 교회를 다니지 않는다. 하지만 주변에 교회 다니는 친구들이 많은데, 그 친구들은 '일요일 예배 시간'을 자신의 몫이 아닌 것처럼 빼놓고 일정을 짜곤 했다. 아무리 바빠도, 월요일에 중요한 시험이 있어도, 일요일은 예배에 참석해야 하기 때문에 처음부터 일요일의 예배 시간은 자신의 시간이 아니라고 생각하는 것이다.

사람들이 우선순위를 정할 때 잘 잊는 것이 바로 '급하지 않고 중요한 일'이다. 종교인에게는 예배에 참석하는 일, 종교가 없는 사람들에게는 소중한 사람과 시간 보내기, 휴식, 운동, 명상 같은 일들이다. 정말 중요한 일이지만 당장 급하지도 않고 변화나 결과가 눈에 띄지 않으니 뒤로 자꾸 미룬다. 하지만 이런 일일수록 의식적으로 챙기고, 시간을 먼저 빼놓아야 한다. 아무리 시간을 효율적으로 쓰려고 결심했다고 해도 소중한 일들까지 없애지는 말자.

왜 이렇게 신경 쓰고 생각할 일이 많지?

쓸데없는 것은 정리하고 소중한 것에 집중하자!

☑ 체크하기

중요하지 않은 일에 사람들은 생각보다 많은 에너지와 시간을 낭비한다.

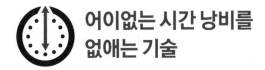

어이없는 시간 낭비를
없애는 기술

☑️ 휴식 vs 시간 낭비

시간 관리를 해야겠다고 마음을 먹고 나면, 모든 시간을 생산적인 일로 채워야 할 것 같은 강박이 생긴다. 또한 시간 관리를 잘하는 사람은 한시도 쉬지 않고 일하고 공부하고 자기계발하는 사람이라고 오해하기도 쉽다. 더군다나 데일리 플래너를 쓸 때 가장 강박이 심해진다. 플래너에 시간마다 무슨 일을 했는지 빠짐없이 기록해야 하는데, '휴식,' '드라마 시청' 등은 왠지 쓰기 싫다. 하지만 내가 생각하는 시간 관리는 내 모든 시간을 생산적인 일에 갈아 넣는 것이 아니다.

쉬고 나서, '아, 잘 쉬었다!' 하고 상쾌하고 좋은 기분을 겪은 경험도 있고, 아무것도 한 게 없는데 시간이 훅 사라져서 기분이 나쁜 경험도 있을 것이다. 주의해야 할 것은 후자이지, 전자가 아니다. 충분히 수면을 취하고, 이왕 쉴 거면 내가, 그리고 내 몸이 좋아하는 일들로 쉬는 것이 좋다. 쉬는 것도 그럴듯하게 잘 쉴 필요가 없다. 멍 때리는 것도 일종의 명상이니까. 수다 떠는 것도 스트레스를 풀기에 아주 좋은 방법이다.

나는 '매일 데일리 플래너 쓰기 모임'을 진행하고 있다. 우리가 쓰는 데일리 플래너는 하루에 한 일을 5~6가지의 범주로 나누어서 분류하는데, 그중 많은 멤버들이 혼란스러워하는 것이 바로 휴식과 시간 낭비의 구분이다. 양쪽 다 생산적인 일을 하지 않는다는 공통점이 있는데, 휴식에는 긍정적인 의미가 시간 낭비에는 부정적인 의미가 포함되어 있다. 이 둘은 딱 잘라 구분하기 애매한 경우가 많다.

어떤 멤버는 충전되었다는 느낌이 들면 휴식이고, 쉬고 나서 기분이 나쁘면 시간 낭비라고 했다. 어떤 멤버는 체력적, 정신적인 한계가 왔을 때 쉬는 것이 휴식이라고 했다. 여러 가지 다양한 의견이 나왔지만 계획 없이 아무 생각 없이 흘려보낸 시간을 시간 낭비라고 대답한 의견에 다수가 공감했다.

시간 관리의 가장 큰 적은 휴식 시간이 아니라, 제대로 쉬지도, 제대로 일하지도 못한 채 어영부영 지나간 시간이다. 즉 의식하지 못한 채 지나간 시간이다. 이렇게 지나간 시간은 그냥 내 인생에서 삭제된 시간이다. 이렇게 삭제된 시간을 모두 합쳐보면 억울하고 아까운 기분이 들 것이다.

눈을 크게 뜨고, 새는 시간이 없나 문지기처럼 내 시간을 지켜야 한다. 목적도 없는 일을 멍하니 습관적으로 반복하는 것을 경계해야 한다. 물론 이렇게 늘 정신을 차리고 시간을 감독하는 일은 습관이 될 때까지 힘들 수밖에 없다. 또 내가 어떤 상황에서 주로 시간을 줄줄 버리는지 미리 파악하는 것이 중요하다. 정신 못 차리고 시간이 훅 지나가는 일의 리스트를 미리 가지고 있어야 그 상황이 왔을 때 대처할 수 있다.

☑ 일과 휴식 사이를 애매하게 만드는 '스마트폰'

어떤 일을 하기로 한 시간인데 수시로 스마트폰을 만지고 있다면, 그 시간은 일을 한 시간일까, 아니면 딴짓을 한 시간일까? 혹시나 SNS에 좋아요 알림이 뜨지 않았을지, 혹시나 내가 모르는 사이 재미난 소식이 뜨지 않았을지 궁금해 스마트폰을 슬쩍 봤다가 딴짓의 세계로 빠지는 경우가 많다. 스마트폰 중독은 나도 겪었고 지금도 꾸준히 극복하기 위해서 노력하고 있다. 정말 시도해보지 않은 방법이 없을 정도로 눈물의 극복기를 거쳤다. 그중 효과가 있었던 방법만 소개하면 다음과 같다.

1) 서랍에 넣고 닫아버리기

일단 가장 쉬운 방법은 눈에 띄지 않는 곳에 두는 것이다. 스마트폰 중독은 거의 자동화된 습관이라, 눈에 띄는 곳, 손이 닿는 범위 안에 스마트폰이 있기만 하면 무슨 생각이 개입할 틈도 없이 이미 손에 쥐고 있다. 마치 외계인 손 증후군 같다. 일단 눈에 띄지 않는 곳에 스마트폰을 두는 것이 1단계다. 나는 일할 때 전화를 써야 하는 업무가 없기 때문에, 주로 서랍 안에 스마트폰을 넣고 닫아버린다. 충전기를 멀리 설치하는 것도 좋다.

2) 포스트잇 붙이기

이래도 가끔은 내 손이 내 의지와는 상관없이 서랍을 열고 스마트폰을 보기 때문에, 작은 허들을 하나 더 추가했다. 스마트폰 액정 위에 포스트잇을 붙이는 것이다. 아주 사소한 허들 하나만 추가해도 그 효과는 상당하다. 포스트잇에 정신이 번

쩍 들 만한 문구를 써놓는 것도 괜찮다. 스마트폰을 보려면 첫째, 서랍을 열어야 하고, 둘째, 화면에 붙어 있는 포스트잇을 떼야 한다. 이런 식으로 조금씩 더 번거롭게 만들어야만 간신히 스마트폰의 유혹에서 벗어날 수 있다.

3) 스마트폰 사용 계획 쓰기

정말 급하게 마감일을 지켜야 하는 일을 하거나, 집중이 필요한 날에는 무려 '스마트폰 사용 계획'을 쓰는데, 이름이 거창하지만 방법은 쉽다. 스마트폰 앞에 붙이는 포스트잇에 오늘 스마트폰을 확인할 시간을 미리 계획해서 쓴다. 예를 들어 아침에 한 번, 점심때 한 번, 오후에 한 번, 업무 끝나고 퇴근할 때 한 번 확인하기로 결심했다면 '9시/12시/3시/6시'라고 적어놓고 실제로 스마트폰을 확인할 때마다 포스트잇 옆에 확인한 시간을 기록하는 것이다. 약속한 시간 외에는 절대 스마트폰을 열지 않겠다는 다짐인데, 평소에 실천하기에는 과한 방법이니 시험을 준비하는 고시생이나, 데드라인이 임박했을 때 사용하면 좋다.

요즘은 아크릴로 만든 핸드폰 보관함을 판매하기도 한다. 투명한 아크릴 박스에 스마트폰을 넣고 자물쇠로 잠그는데,

자물쇠는 타이머 기능이 있어서 일정 시간이 지나야만 열린다. 이런 상품까지 나올 정도니 스마트폰 중독이 얼마나 심각한지 짐작이 간다.

☑ 준비 중이라는 핑계로 시간을 낭비하지 마라

또 다른 대표적인 시간 도둑이 바로 웹 서핑이다. 언뜻 생각하면 스마트폰 중독과 웹 서핑은 비슷한 일 같지만, 가장 큰 차이는 바로 많은 사람들이 웹 서핑을 '생산적인 일을 하기 위해 준비하는 과정'이라 착각하고 있다는 점이다. 쉽게 예를 들면, 운동을 시작하기 전에 좋은 운동복을 무한 검색해보고, 어깨가 넓어지지 않는 운동이 뭐가 있는지 검색한다. 그러다가 발견한 다이어트 식품을 발견하면 온갖 블로그 리뷰를 살펴보고 그것도 모자라 유튜브 리뷰까지 죄다 섭렵한다. 그야말로 정보의 바다를 무한정 헤엄치는 꼴이다. 이렇게 의식의 흐름대로 자료를 찾다 보면 1~2시간은 우습게 지나간다. 하지만 이런 무한 웹 서핑의 특징은 딱히 도움되는 양질의 정보는 얻을 수 없다는 것이다. 인터넷에서 정보를 찾기보다 행동하는 게 빠르다. 운동에 대한 정보는 헬스장에 등록해서 헬스 트레이너에게 물어보는 게 빠르고, 어떤 헤어스타일을 할지 인터 넷에서 연예인 사진을 몇 시간 동안 뒤지는 것보다 미용실에 가서 내 머리 길이와 얼굴형에 어울리는 스타일 몇 개를 추려 달라고 하는 것이 효율적이다.

뭔가를 준비한다는 명목 아래 버리는 시간이 너무 많다는 것을 깨닫고 난 후에, 대책을 마련하기로 결심했다. 바로 시 간을 정해두고 고민하는 것이다. 시간 제한이 있으면 중구난 방 의식의 흐름대로 정보를 찾기보다는 정말 급히 필요한 정 보만 검색해보게 된다. 그리고 생각보다 실행에는 많은 정보 가 필요하지 않다는 점도 명심해야 한다. 최소한의 정보만 있 으면 무슨 일이든 시작할 수 있다. 유튜버 되는 법을 무한 검 색할 필요는 없다. 영상을 찍어서 유튜브에 업로드하면 유튜 버가 된다. 뭐든 시작하고 나서 배우는 것들이 정말로 도움되 는 정보다. 설사 정보가 적어 조금 잘못된 선택을 했더라도 나 중에 수정하면 그만이다. 웹 서핑을 좀 덜했다고 사전 정보가 좀 부족했다고 돌이킬 수 없는 실수를 하는 경우는 흔치 않다.

✅ 체크하기

무언가를 준비한다는 핑계로 시간을 낭비하는 일을 경계하자.

시간 관리를 도와주는
스마트한 도구

스마트폰은 우리의 일상을 아주 편리하게 만들었지만, 그만큼 또 우리의 시간을 굉장히 많이 빼앗고 있다. 일단 손에 잡으면 아무 생각 없이 몇 시간을 낭비하게 만드는 무서운 물건이다. 이제 스마트폰을 더 이상 시간 낭비하는 데 쓰지 않고, 시간을 관리하기 위한 도구로 사용해보면 어떨까? 시간 관리와 루틴 만들기에 도움이 되는 좋은 앱들을 소개한다.

· 비주얼 타이머(Visual timer)

내가 가장 자주 쓰는 생산성 앱으로 남은 시간이 빨간색으로 표시되는 방식의 스톱워치 앱이다. 안드로이드와 ios에서 모두 사용 가능하다. 기능이 단순해서 유사한 다른 앱을 써도 괜찮다. 스마트폰에 기본으로 내장되어 있는 스톱워치를 써도 되지만, 남은 시간이 직관적으로 빨갛게 보인다는 점에서 정해진 시간만큼 집중해야 할 때 효과가 좋다. 포모도로 방식으로 일할 때, 45분 정도 집중 시간을 정한 뒤 정해진 시간 동안은 스마트폰을 보지 않고 일에 집중해보자. 'My timer' 기능이 있어서 자주 하는 업무에 따른 집중 시간을 미리 등록해놓고 즐겨찾기로 이용할 수도 있다. 같은 업무를 할 때도 집중도에 따라 걸리는 시간이 천차만별이다. 업무별로 소요된 시간을 바탕으로 오늘의 집중도를 피드백해볼 수도 있다.

· 포커스(Focus)

집중할 수 있는 시간을 스스로 설정하여, 정한 시간만큼 집중력 있게 공부 또는 업무할 수 있도록 도와준다. 비주얼 타이머와 비슷하지만, 약간 업그레이드 버전이다. 하루 동안 집중한 시간을 모아서 보여주는 기능이 있기 때문이다. 하루 집중 시간, 주간 집중 시간을 확인하기 쉽게 통계를 내 보여주는 점이 좋다. 어제와 비교하거나 지난주와 비교할 수 있어 동기 부여도 된다. 하지만 데일리 플래너를 따로 쓴다면 플래너로 일간 피드백이 가능하니 비주얼 타이머만 사용해도 좋다.

· 토글(Toggle)

하루 종일 시간을 어디에 얼마나 사용했는지 확인할 수 있는 어플이다. 인터페이스도 아주 간결하다. 어떤 일을 시작할 때마다 어떤 일을 하는지 입력한 후 시작 버튼을 누르고, 일이 끝나면 종료 버튼을 누르면 된다. 그렇게 몇 시부터 몇 시까지 어떤 일을 했는지 기록한 것이 쌓이면 통계까지 내준다. 하루 종일 책상 앞에 앉아 있는 사무직이나 학생의 경우 데일리 플래너를 곁에 두고 정각마다 쓸 수 있지만, 외근이 많거나 한 자리에 앉아서 일하지 않는 사람에게는 힘들다. 예를 들어 버스를 타고 가다가 정각이 되었다고 갑자기 플래너를 꺼내서 쓰기는 어렵다. 이때 토글을 활용하면 편하다.

- 워크플로위(WorkFlowy)

리스트 작성용 앱으로 유명하다. 이 앱의 활용법을 알려주는 책이 따로 있을 정도로 활용도가 무궁무진한 데 반해 인터페이스는 아주 단순하다. 시간 관리용 앱이라기보다는 생각 정리 도구에 가깝다. 투 두 리스트를 작성하거나, 액션 플래너 대용으로 간결하게 사용하기 좋다. 나는 책이나 강의 목차를 작성할 때, 그리고 유튜브 영상을 기획할 때도 종종 활용한다. PC와 스마트폰, 태블릿 등 모든 기기에 연동이 가능해 활용도가 높은 것도 장점이다. 세계적으로 유명한 앱이라서 블로그나 유튜브에 활용법이 많이 올라와 있으니 필요에 따라 무궁무진하게 응용할 수 있다. 워크플로위 공식 유튜브 계정도 있고, 정기적으로 활용법을 담은 메일을 보내주기도 하니 관심이 있다면 참고해보길 바란다.

- 포레스트(Forest)

포레스트는 스마트폰 사용 시간을 줄이기 위해 고안된 앱이다. 미리 약속한 시간 동안 스마트폰을 사용하지 않으면 나무가 자라나는 데, 중간에 참지 못하고 스마트폰을 사용하면 나무가 말라 죽어버린 다. 나무를 잘 키우면 보상으로 동전을 주고, 이 동전으로 새로운 나 무를 구입할 수 있다. 강제성이 있으면서도 힘들지 않게 시간 낭비를 줄일 수 있다. 중요한 일이 있어 스마트폰의 방해를 받지 않고 집중하 고 싶을 때 목표 시간을 미리 정해놓고 나무를 키워보자.

- 마이해빗(myHabit)

마이해빗은 루틴 만들기를 도와주는 앱이다. 루틴으로 만들고 싶 은 것들을 목록으로 만든 다음 체크 리스트처럼 활용할 수 있다. 안드 로이드의 경우 스마트폰 바탕화면에 위젯을 생성할 수 있어 늘 보는 스마트폰 첫 화면에 매일 해야 할 습관을 띄워 보여준다. 요일별로 서 로 다른 목표를 설정할 수도 있다.

PART 5

"내 몸이 알아서 움직이게 만드는 루틴 공식"

저녁 루틴 만들기 3단계, 루틴 관리

우리가 루틴으로 만들고 싶은 일은
대개 즐겁지 않은 일이다.
그렇기 때문에 더 쉽고 즐겁게 만들어야 한다.
나 스스로를 어린아이라고 생각하자.
잘한다 잘한다 칭찬하며
다그치지 말고 천천히 꾸준히
일상적인 루틴으로 만들어보자.

어느 누구도 과거로 돌아가서 새롭게 시작할 순 없지만
지금부터 시작하여 새로운 결말을 맺을 순 있다.

_ 카를 바르트

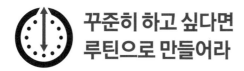

꾸준히 하고 싶다면 루틴으로 만들어라

☑ 저녁 루틴 만들기를 위한 3단계

어릴 때는 매일 같은 일을 정해진 시간에 반복하는 것이 지루하고 따분하다고 생각했다. 하지만 이제는 편안하고 정돈된 삶이라는 생각이 든다. 앞에서도 언급했듯이 루틴은 우리를 몰아붙이기 위해서가 아니라 주어진 시간을 허둥지둥하지 않고 잘 사용하기 위해 만드는 것이기 때문이다.

　나는 매일 같은 시간에 같은 일을 반복해야 습관으로 자리 잡을 수 있다고 생각한다. 그렇기 때문에 나는 습관으로 만들고 싶은 일은 모두 루틴으로 만든다. 잠들기 전 30분 독서, 저녁 먹기 전 30분 요가 등 좀처럼 습관이 되기 힘든 일도 한번 루틴으로 자리 잡으면 큰 의지력 없이도 실천할 수 있다. 나는 루틴을 만들 때 아래와 같은 단계를 거친다.

☑ 루틴 만들기 3단계

1단계 작게 만들기

2단계 매일 같은 시간에 반복하기

3단계 일정 시간 버티기

루틴이 될 때까지 일정 시간은 힘들어도 어떻게든 유지해 내야 새로운 루틴이 만들어진다. 이 시기에 가장 많이 실패한 다. 운동이나 동호회 등을 나가보면, 보름에서 한 달 사이의 기간에 많은 사람들이 포기한다. 그와 반대로 생각하면, 일정 시기를 버텨낸 사람들은 꾸준히 지속할 수 있다. 하지만 무조 건 파이팅을 외치며 정신력으로만 버티는 건 무모한 일이다. 그렇기 때문에 1단계가 가장 중요하다. 무조건 작게 만드는 것. 일단 이렇게 가장 작은 단위의 루틴이 만들어지면, 하나씩 하나씩 추가해서 더 큰 과제를 이루기 위한 루틴을 만들 수 있기 때문이다. 이때 작게 만든다는 것은 과제의 단위를 작게 만든다는 의미이기도 하지만, 과제 자체를 쉽고 재밌게 만든다는 의미도 포함한다.

☑ 작고 쉬운 일부터 루틴으로 만들어라

루틴을 만들기 전에 마음에 새겨두면 좋은 개념이 있다. 생각하는 나는 어른이지만, 행동하는 나는 어린 아이라는 점이다. 내가 비록 사회생활 N년차의 어엿한 사회인이라도 루틴을 만들 때의 나는 초등학생 정도의 자아로 설정하는 것이 좋다. 우리는 모든 일을 아주 쉬운 일로 만들어서, 떠먹여주고, 잘 달래줘야 뭔가를 할 수 있는 사람이다. 우리의 능력을 무시하는 것이 아니다. 아무리 어렵고 위대한 일이라도 결국은 작은 일로부터 나온다.

작은 일을 잘 해야만 큰 일도 잘 할 수 있다는 사실을 잊지 말자. 큰 일이 넘어야 하는 높은 벽이라면, 작은 일을 루틴으로 만드는 건 사다리를 만드는 일 같은 것이다. 사다리를 놓을 생각도 없이 높은 벽을 매일 쳐다보면서 '남들은 잘만 하는데, 나는 왜 이것도 못 넘을까?' 하고 좌절만 반복하는 사람이 많다. 큰일을 잘 해내는 사람은 장대높이뛰기 선수처럼 엄청난 무언가를 타고난 사람이 아니라, 뒤에서 사다리를 성실하게 만들어놓은 사람이다.

그럼 이제 나의 일상에 루틴이 잘 정착할 수 있도록, 루틴을 더 쉽고 더 재밌게 만드는 법 그리고 루틴을 꾸준히 실천할 수 있게 만드는 팁들을 알아보자.

저녁 먹고 강의 들으려니 너무 지루했는데…

퇴근길에 들으니까 오히려 더 집중이 되네!

☑ 체크하기

루틴으로 만들고 싶다면 나에게 가장 알맞은 형태를 찾아야 한다.

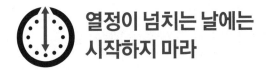

열정이 넘치는 날에는
시작하지 마라

☑ 의욕이 넘치면 체한다

갑자기 열심히 살고 싶은 의지가 샘솟는 날이 있다. 이때 사람들은 동기 부여가 되는 콘텐츠를 열심히 찾아다닌다. 열심히 사는 사람들의 강연을 듣고, 자기계발서를 읽으며 열정을 키운다. 오늘은 반드시 어제와 다른 하루를 보내리라. 어제와는 180도 다른 내가 되리라! 그러나 이러한 불꽃같은 열정으로 무언가를 시작할 때 반드시 주의해야 할 것이 있다.

오랫동안 굶다가 갑자기 밥을 먹으면 높은 확률로 체하듯이 안 하던 일을 갑자기 할 때도 마찬가지다. 의욕이 넘칠 때

정한 목표는 컨디션이 좋지 않을 땐 너무 멀리 느껴져 금방 포기하기도 쉽다. 더 큰 문제는 이런 일이 몇 번 반복되면, '내가 그렇지 뭐'라는 생각의 패턴이 생긴다. 그러나 반대로 평소에 정말 사소한 일을 시도해서 성공하는 경험을 반복하면 '나는 잘할 수 있는 사람'이라는 생각 패턴이 생긴다. 성공이 습관이 되는 것이다.

나는 작은 일이 하나둘씩 풀리기 시작할 때, 그 흐름을 타고 큰일도 해낼 수 있었다. 내 무의식 속에 '나는 웬만한 일은 잘 해낼 수 있다'는 생각이 단단하게 박혔기 때문이다. 주변을 둘러보면, 뭘 해도 잘되는 사람이 있을 것이다. 그 사람 역시 특별히 운이 좋거나 특출 나게 대단해서가 아니라, 이처럼 작은 일부터 성취한 후 스스로에 대한 믿음을 바꾸고, 그 흐름을 타서 큰일에도 성공했을 가능성이 높다.

☑ 핑계를 차단하고 뿌듯함을 채우기

루틴으로 만들기 위해서, 필요한 첫 번째 단계가 '작게 만들기'라고 말했다. '작게 만들기'란 말 그대로 처음 시작할 땐 최대한 과제를 작게 만드는 것이다. 예를 들어, 영어 작문 공부를 시작하기로 했다면 처음부터 '하루에 1시간씩 영어 강의 듣기'가 아니라, '하루에 영어 문장 3개 외우기' 정도로 시작하는 것이다. 우리의 목표는 작은 일부터 성취하는 뿌듯함을 느끼는 것과 퇴근 후 저녁 시간에 영어 공부를 한다는 루틴을 만드는 것이다.

아무리 피곤한 날, 아무리 무기력한 날, 아무리 바쁜 날에도 무조건 실천할 수 있겠다 싶을 정도로 작게 시작하면, '바빠서', '피곤해서' 등의 핑계도 차단할 수 있다. 이 작은 실천이 숨 쉬듯이 습관이 되면 조금 더 과제를 추가하는 것이다.

남들이 보기에, 그리고 스스로 보기에도 너무 작은 과제라 실천하고 나서도 '에이, 이건 별거 아니야' 싶을지 모르지만 의식적으로라도 '와, 해냈다! 나는 대단해!' 하고 호들갑을 떨어야 한다. 과장이 아니라 말 그대로 정말 대단한 일을 한 것이다. 아무리 작은 일이라도, 새로운 루틴을 만드는 것은 하나의 도전이다. 그런 도전도 감히 못 해서 늘 어제와 같은 삶을 사는 사람이 정말 많다. 뭐든 작은 거라도 어제와 다르게 해낸 것이 있다면 흠뻑 즐기자. 그래야 내일 조금 '더' 할 수 있다.

☑ 루틴 만들기는 경쟁이 아니다

나는 어렸을 때부터 남들보다 빨리 잘해야 한다는 강박이 있었다. 마치 끈을 탁 놓으면 달려들 태세인 투견처럼 성이 나 있었다. 어떤 일이든 '경쟁'이라고 생각하는 습관 때문에 시작하자마자 잘하는 단계까지 빠르게 도달하고 싶었다. 심지어 명상을 배울 때도 명상을 빨리 잘하고 싶었다. 명상은 욕심 등으로 뒤덮인 망상을 제거하는 작업인데, 아이러니하게도 명상 자체가 욕심으로 얼룩져버린 것이다. 어느 날 뒤돌아보면 그렇게 급한 일이 아니었다는 걸 알게 되지만 그걸 깨닫는 순간은 이미 시간이 많이 흐르고 난 뒤다. 그 일에 빠져 있을 때는 잘하고 싶다는 욕심이 눈앞을 가려 보이지 않는다.

에너지를 불살라야 하는 일과 천천히 즐기면서 끝까지 꾸준히 해야 할 일을 구분하고 나니 내가 도전했다가 포기한 많은 일들이 처음부터 내 능력 이상으로 질주했기 때문이라는 것을 알게 되었다. 특히, 루틴을 만드는 일에도 너무 성급하게 열정적으로 달려들었던 것이다. 어렵게 만들어서 빨리 포기하는 것과, 쉽게 만들어서 꾸준히 지속하는 것 중에 고르라면 당연히 후자다. **시작은 최대한 작게 해서 허들을 낮추고, 불필요한 욕심에 과도하게 질주하는 것을 멈추자.**

누군가는 인생이 단거리가 아닌 마라톤이라고 한다. 나는 인생이 끝이 정해지지 않은 산책이라고 생각한다. 걷다가 걷기 싫으면 잠시 앉아보고, 예쁜 꽃이 있으면 한참 구경해도 되지 않을까? 이렇게 마음을 먹으면 꾸준히 지속하지 못할 일이 없다.

☑ '해야 하는데'라고 생각하지 말기

정말 실천하고 싶은 일일수록, '해야 하는데'라는 생각을 버려야 한다. 의식해서 힘을 빼고 '자연스럽게 하는 것'이라고 생각해야 한다. 내가 너무 중요성을 높게 두고 푸시하면 몸은 반발한다. 힘을 주고 꼭 해야 한다는 강박에 사로잡혀 있으면 하기 싫어지고 실패 확률이 높다. 막 뭔가를 하려고 했는데 누군가 시키면 하기 싫어지는 것과 같다. '해야 하는데…'라고 생각할 때마다 하고 싶은 마음이 사라진다고 생각하자.

매일 같은 시간에 같은 일을 반복하는 사람들은 열정적이고, 자기 관리에 엄격한 사람일 거라고 생각한다. 하지만 의외로 그들은 큰 힘을 들이지 않는다. 그리고 루틴을 한번 깼다고 해서 "아, 나는 역시 안 돼. 난 의지박약이야"라고 크게 자책하지 않는다. 어떤 일에 너무 큰 의미를 두면 시작할 때도, 실행할 때도, 실패할 때도 감정이 크게 작용할 수밖에 없다. 그 자체로 에너지 소모가 크다.

아등바등해서 될 일이 힘을 조금 뺀다고 안 되는 것은 아니다. 우리가 어떤 일을 중요하다고 생각하는 것은, 그 일이 실제로 중요해서가 아니라 뭐든 중요성을 부여하려는 마음의 습관 때문인 경우가 많다. 마음에 힘을 빼고 가볍게, 즐겁게, 지금 할 수 있는 일에 집중하자.

☑ 체크하기

열정이 넘치는 날에 목표를 정하면 절대 꾸준히 이어나갈 수 없다.

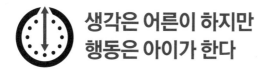

생각은 어른이 하지만 행동은 아이가 한다

☑ 어떻게든 재미있게 만들자

우리가 루틴으로 만들고 싶은 일은 대개 즐겁지 않은 일이다. 마냥 즐겁기만 하다면 큰 노력 없이도 이미 행동하고 있을 것이다. 하지만 즐겁지 않아도 스스로 하게 만들어야 하니까 힘들고, 힘이 드니까 실천율이 떨어진다. 그리고 나는 세상에서 가장 의지가 약한 사람이라고 좌절한다.

앞에서 하기 싫은 일을 하는 '나'를 어린아이에 비유했다면, 이번에는 한 단계 더 낮춰서 우리집 강아지에 비유해보자. 강아지를 훈련시키려면 간식이라는 보상이 필요하다. 앉았다

일어나기, 기다리기, 손 내밀기 등을 잘 해낼 때마다 간식을 줘 자동적으로 행동하게 만드는 것이다. 우리에게도 딱 요 정도 수준의 보상이 필요하다. 루틴을 한 달간 지키면 바빠서 보기를 미뤘던 드라마를 마음먹고 정주행한다든가, 양이 적고 비싼 음식을 먹는다든가 하는 소소하지만 행복한 보상 말이다.

다짐한 일을 실천했을 때 보상을 주는 것도 좋지만 일 자체를 즐겁게 만드는 것이 가장 좋다. 재미없는 일을 재미있게 만드는 건 참 어렵다. 하지만 재미없는 일을 강제로 계속 반복하는 것보다는, 재미있게 만들기 위해 머리를 굴리고 노력해보는 것이 훨씬 낫다.

홈 트레이닝을 하는 지인의 사례를 소개하자면, 그는 그냥 트레이닝을 하다 보니 너무 재미가 없어서 번쩍거리는 미러볼을 사다가 방에 켜놓고, 미친 듯이 신나는 음악까지 크게 틀어놓고 트레이닝을 한다. 그것마저 하기 싫을 때는 트레이닝 대신 땀복을 입은 채로 닌텐도 댄스 게임을 한다고 한다. 땀은 뻘뻘 나지만 재미있어서 시간 가는 줄 모른단다. 만약 독서하는 시간이 지겹다면, 독서를 할 때마다 본인이 좋아하는 뉴에이지를 틀어놓는 것도 도움이 된다. 지루함을 굳이 꾸역꾸역 참으며 실천할 필요가 있을까? 어떻게든 재미있게, 꾸준히 하겠다고 마음먹으면 길이 보인다.

☑ 성과를 눈에 보이게 만들어라

눈에 보이게 하는 것도 정말 중요하다. 우리가 루틴으로 만들고 싶은 일들은 단기적으로 가시적인 성과가 보이지 않는 것들이 대부분이다. 당장 먹고 싶은 초콜릿 하나를 참는다고 해서 내일 갑자기 날씬해지는 것도 아니고, 오늘 책 몇 장을 더 본다고 해서 당장에 그 분야에 박식한 전문가가 되는 것도 아니다. **우리는 눈앞에 보이지 않은 성과를 위해 당장 달콤한 휴식을 참아내야 한다. 매일 마시멜로 실험을 당하는 어른들처럼 말이다.**

성과는 눈에 보여야 실천할 '맛'이 난다. 나는 새로운 루틴을 만들 때는 '해빗 트래커(habit tracker)'라는 작은 메모지의 도움을 받는다. 해빗 트래커란 실천한 날짜에 색칠할 수 있는 31칸짜리, 즉 한 달짜리 표다. '매일 책 100페이지 이상 읽기', '매일 스쿼트 100개 하기'와 같은 목표를 써놓고 실천했으면 색칠하는 것이다. 이 표를 쓰면 괜히 빈 칸을 만들고 싶지 않아서 실천하게 된다. 색칠된 칸이 늘어가는 게 눈에 보이면 뿌듯해서 동기 부여가 된다.

HABIT TRACKER

Goal			매일 스퀏트 100개!			
①	②	③	④	⑤	6	7
8	9	10	11	12	13	14
15	16	17	18	19	20	21
22	23	24	25	26	27	28
29	30	31				

〈해빗 트래커〉

수영이나 드럼처럼 무언가를 새로 배우기 시작했다면 반드시 기록으로 남겨놓자. 예를 들어, 수영을 배울 땐 처음 자유형을 하게 되었을 때의 자세를 동영상으로 찍어 놓는 것이다. 영어 회화 공부를 하기로 했다면 처음 내가 말하는 영상을 찍거나 녹음한다. 악기를 처음 배우기 시작할 때도 마찬가지다. 한 달, 두 달 후에 다시 영상을 찍어서 처음과 비교해보면 확실히 실력이 향상된 것이 눈에 보일 것이다. 나도 모르는 사이 향상된 실력을 확인한다면 그다음 한 달은 훨씬 즐겁게, 또 쉽게 실천할 수 있다. 뭐든지 눈으로 직접 볼 수 있게 하는 작은 노력이 실천을 훨씬 쉽게 만들어준다.

아무리 노력해도 매일 실천하기가 너무 힘들고 루틴으로 만들어지지 않는다면 다시 한 번 생각해보자. 왜 그 일을 꼭 습관으로 만들어야 하는지, 하지 않으면 안 되는 일인지, 혹시 남들이 하니까 그냥 나도 해야 할 것 같은 의무감에 하는 건 아닌지 점검해볼 필요가 있다.

하기 싫은 일을 매일 같은 시간에 반복해야 한다는 것은 일종의 고문이다. 꼭 해야 하는 일이라면 재미있게 만들기 위해 노력해보고, 아주 작은 단위로 만들어보고, 그래도 도저히 안 된다면 포기하자. 놓아야 할 때를 알고 미련 없이 잘 포기하는 것도 실력이다.

☑️ **체크하기**

유치한 방법을 동원해서라도 재미있게 만들어라.

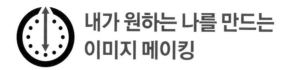

내가 원하는 나를 만드는 이미지 메이킹

☑ 나에 대한 이미지를 바꿔라

사람들은 무의식적으로 타인에 대해 정의를 내린다. '저 사람은 너무 돈을 아껴!', '저 사람은 너무 착해서 항상 손해만 볼 스타일이야', '저 사람은 모든 일에 적극적으로 나서네' 등 주위 사람들에 대한 이미지가 있을 것이다. 자기 자신에 대한 이미지도 마찬가지다. 나는 무엇을 잘하고 무엇을 못하는지, 또 어떤 걸 싫어하고 어떤 것에 자신이 없는지 등. 때로는 이러한 이미지들이 어떻게 행동할지 결정한다. 보통은 행동을 제약하는 쪽에 가깝다. 예를 들어 '나는 운동에 소질이 없어'라고 생각하는 사람은, 운동 자체를 시도하지 않는다. 여러 운동에 도전하다 보면 잘 맞는 종목을 하나쯤 발견할 수도 있는데, 도전 자체를 하지 않으니 운동에 소질 없는 상태로 계속 머무르게 된다.

스스로에 대한 부정적인 이미지가 과해지면 주변에서도 당신을 그런 이미지에 갇히게 만든다. 예를 들어, 당신이 새로운 모임에서 무시당했던 기억 때문에 '나는 새로운 사람들과 잘 어울리지 못해'라고 생각하고 있다면, 다음에 새로운 사람을 만날 기회가 있어도 굳이 만나려고 하지 않을 것이다. 주변 친구들도 그런 자리가 있을 때마다 당신이 불편할 거라 생각해 당신을 부르지 않을 것이고, 점점 새로운 사람과 만날 일이 줄어드는 만큼 점점 더 '나는 새로운 사람들과 잘 어울리지 못해'라는 믿음은 강해질 것이다.

즉, 나에 대한 이미지를 정해두는 것은 끝없이 부정성을 재생산하는 고리에 들어가는 것이다. 이왕 끝없는 고리에 들어갈 거라면, 아예 긍정적인 쪽으로 만들어버리면 어떨까? '나는 부지런해', '나는 운동을 잘해', '나는 꼼꼼해' 등등. 하지만 이런 자기 암시만으로는 아무것도 이뤄지지 않는다. 누군가는 우리 뇌가 단순해서 긍정적 자기 암시를 반복하는 것만으로도 뇌 구조가 바뀐다고 하지만, 나는 수십 년 동안 어느 한

쪽으로 기울어진 생각의 습관이 몇 달, 몇 년의 간편한 자기 암시로 바뀔 거라고 생각하진 않는다. 그게 가능했다면 변화는 누구에게나 쉬웠을 것이다.

☑ 내가 누구냐고? 대단한 사람이지

긍정적인 방식으로 나를 재정의하려면 그에 걸맞은 작은 성공을 한 뒤, 그걸 좀 부풀리는 방식이 가장 합리적이고 편하다. 아예 운동을 시도조차 하지 않는 사람이 방구석에서 '사실 나는 운동을 매우 잘하지만, 하지 않을 뿐이지'라고 아무리 자기 암시를 해도 내 잠재의식이 그걸 믿어줄 리가 없다. 하지만 조금 과장해서 부풀리는 건 믿어줄 수도 있다.

매일 운동을 하기로 결심했다면, 밖에서 줄넘기 100개만이라도 하고 들어오자. 땀이 많이 난 것도 아니고 인중에 조금 맺힌 정도라도, 시원하게 샤워를 하고 상쾌한 기분을 한껏 느끼면서, 마치 마라톤이라도 완주한 사람처럼 물 한 잔을 원샷하며 생색을 내는 것이다. 그리고 생각하는 거다. '와, 어쩌면 나는 운동이 적성에 맞는지도 몰라!' 자기 암시는 행동과 결합되어야 효과가 있다. 그게 아무리 작은 행동이라도.

아이들은 잘한다 잘한다 해주면 정말 신나서 열심히 한다. 여러 번 이야기했지만 일상에 루틴을 만들고 싶을 땐 나를 어린아이처럼 대해야 한다. 아주 작은 성취라도 일단 눈에 보이게 만들어놓은 다음, 과도하게 잘한다 잘한다 칭찬해주고, 사실 나는 게으른 사람이 아니었다고, 사실 나는 잘하는 사람이라고 내 머릿속에 박힌 내 이미지를 수정해주자. **수정된 이미지를 가지고 사는 것은 마치 새로운 운영체제를 깔아놓은 것 같아서, 앞으로의 무의식적인 작은 선택에도 새로운 내 모습이 반영된다.**

☑ 내가 봐도 멋진 내 모습 상상하기

무언가를 하는 내 모습을 긍정적으로 상상해보는 것도 좋다. 2008년에 SBS에서 방영된 〈신의 저울〉이라는 드라마가 있다. 법정 드라마라서 초반에 연수생들이 사법 연수원에서 공부하는 장면이 나오는데, 이때 주인공이 도서관에서 공부하는 모습이 꽤 인상 깊게 남았다. 주인공은 연수원 도서관에서 밤샘 공부를 하다가 졸음을 못 이겨 잠깐 엎드려 눈을 붙이려고 하는데, 오래 잠들까 봐 핸드폰 알람을 맞춰놓고 진동 모드로 해둔 뒤 고무줄로 핸드폰을 손목에 묶어놓기까지 한다. 나는 그 절실한 모습이 너무나 멋있어 보였다. 좋은 법관이 되기 위해 사활을 걸고 공부에 매진하는 주인공이라니! 그 이후로 나는 공부하기 싫을 때마다 그 주인공의 모습을 떠올렸다. 그리고 마치 내가 주인공이 된 것처럼, 공부하는 내 모습이 정말 멋지다고 상상하며 공부를 했다. 조금 덜 힘든 기분이었다. 이렇게 단순한 방법으로도 의지가 다시 타오른다.

유튜브 채널에 공부 영상을 올릴 때는 웬만하면 노트도 공들여 고르고, 글씨도 정갈하게 쓰며, 멋지게 공부하는 모습을 찍어 올리려고 노력한다. 어쩌면 실제 내 모습보다 조금 더 멋지게 포장된 영상들이다. 보는 사람들에게 보기 좋은 떡이 되어야 동기 부여가 된다고 믿어서다. '공부하는 내 모습은 멋져!'와 같은 기분을 느낄 수 있다면 힘든 공부가 조금이나마 즐거워질 수 있다. 물론 유치할 수도 있다. 하지만 다시 한 번, 사람의 본성은 원래 단순하다는 것을 인정하자. 힘든 일을 힘들게 하는 사람은 평범한 사람이다. 힘든 일을 쉽게, 즐겁게 하는 사람이 진짜 고수다. 그리고 힘든 일을 쉽게 만드는 일은 의외로 간단할 수도 있다.

나에 대한 새로운 이미지를 스스로에게 각인시켜라.

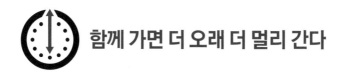

함께 가면 더 오래 더 멀리 간다

☑ 주변에 함께하는 사람을 둬라

혼자 열심히 달리다 보면 확신이 흐려질 때가 있다. 내가 헛고
생을 하고 있는 게 아닐까 하는 회의감이 들기도 하고 슬럼프
에 빠지기도 한다. 이럴 때는 여럿이 같이 하면 쉽다. 서로가
서로의 감시자가 되어주니 실천율이 올라가는 것은 물론 좀
더 지속적으로, 힘차게 나아갈 수 있는 동기 부여가 된다.

무언가를 같이 하는 사람들이 곁에 많을수록 하고 있는 일
에 대해 확신이 생긴다. '매일 그거 한다고 뭐가 나아지겠어?'
라며 회의적으로 말하는 사람들이 수두룩한 세상에서 믿음과

끈기를 가지고 꾸준히 실천하는 사람들이 주변에 있는 것만으로 힘이 된다. 또한 자기계발을 목적으로 만난 커뮤니티의 경우 당연히 발전적인 이야기를 나눌 수밖에 없다. 그런 환경에 자신을 자주 노출하는 것 자체가 변화의 핵심이며 나쁜 습관으로 다시 돌아가지 않도록, 흐트러지지 않도록 도와준다.

나는 습관 만들기 모임을 만들어 운영하고 있다. 특히 '매일 데일리 플래너 쓰기 모임'은 인기가 좋아 매달 금방 마감되곤 한다. 데일리 플래너를 처음 쓰는 사람들은 일상생활 중에 자주 플래너를 꺼내서 쓰는 데 어려움을 느낀다. '굳이 이렇게까지?'라는 의심이 들고, '이렇게 하는 것이 맞나?' 확신이 들지 않는다는 것이다. 이럴 때 먼저 플래너를 써본 모임의 리더나 다른 멤버들이 있으면 물어보고 조언을 구할 수 있다. 나보다 먼저 해온 사람들을 보며, 플래너를 꾸준히 쓰면 반드시 변화가 생긴다는 확신을 얻을 수도 있다.

☑ 커뮤니티 바르게 활용하는 법

물론 커뮤니티 활동에도 조심해야 할 점이 있다. 군중 심리 때문에 잘못된 신념을 형성하기 아주 좋은 곳도 바로 커뮤니티이기 때문이다. 다수가 같은 주제에 대해서 반복해서 이야기를 나누기 때문에 몇몇 목소리 큰 사람의 주장에 몇 가지 증거들만 더해지면 여론이 쉽게 만들어질 수 있다. 또한 커뮤니티 안에서 고립되어 내부의 의견만 끊임없이 반복, 재생산하면 우물 안 개구리 떼가 될 수 있다. 그러므로 내 신념을 바르게 세워 여론에 호도되지 않도록 노력해야 한다.

같은 주제로 모인 모임에서도 당연히 각자의 생각이 다를 수 있다. 내가 속해 있는 모임 중 하나인 '채식인 모임'을 예로 들어보자. 채식도 종류가 다양해서 소, 돼지 등의 육고기만 먹지 않는 '페스코 베지테리언'부터, 우유, 달걀, 꿀 등 동물에게서 유래한 어떤 부산물도 먹지 않는 '비건'까지 다양한 사람이 모여 있다. 어떤 사람은 가죽 재킷과 오리털 패딩조차 입지 않는다. 세부적으로 실천하는 방식은 조금씩 다르지만, 동물 복지와 환경을 위해 할 수 있는 만큼의 노력을 하고 있다는 점에서 모두의 목표는 같은 것이다. 비건이라고 해서 페스코 베지테리언이 해산물을 먹는다며 비난하지 않는다. 페스코 베지테리언은 본인이 해산물을 먹는다고 해서 어제 먹은 대게 사진을 커뮤니티에 공유하지 않는다. 나의 주장을 내세우기보다, 큰 의미에서 같은 가치를 지향하는 사이임을 알고 서로를 배려하는 것이다. 이런 자세가 모든 커뮤니티에서 필요하다.

서로 조금씩만 이해하고 배려하면, 사소한 의견 차이를 가지고 논쟁할 필요가 없다.

모든 사람에게 배려를 기대할 수는 없다. 내가 당연한 예의라고 생각하는 부분이 타인에게는 당연하지 않을 수도 있다. 따라서 모임의 리더가 분란 방지를 위한 규칙을 미리 정해두는 것도 좋다. 다시 채식인 모임을 예로 들면, '채식의 세부 단계를 나눠 서로를 비난하지 않을 것', '다른 채식인에게 불쾌함을 줄 수 있는 동물성 식품이나 제품에 대한 언급을 자제할 것' 등의 수칙을 미리 정해 예방하는 것이다.

☑ 둘이나 혼자도 괜찮다

커뮤니티를 만든다고 생각하면, 너무 거창하게 느껴질 수도 있다. 처음부터 너무 어렵게 생각하지 말자. 혼자서 몰입하는 게 좋다면 혼자서 하고, 혼자서 시작하는 게 어려우면 친구와 함께 하자. 같이 헬스장 다니는 친구 하나만 있어도 혼자 하는 것보다 훨씬 자주 나가게 된다. 나는 글이 잘 안 써질 때 대학원에 재학 중인 친구를 불러낸다. 약속을 하고 각자 노트북을 챙겨 카페에서 만난다. 둘이 앉아서 나는 글을 쓰고, 친구는 논문을 쓴다. 같은 공간에서 서로 다른 일을 하지만 집중이 더 잘 된다. 각자의 고충을 나누기도 한다. 혼자 결심하면 약속을 어기기 쉬운데, 친구와 만나기로 약속하면 약속을 어길 수가 없어 어쩔 수 없이 자리에서 일어나게 되기도 한다. 실천율을 올리는 일종의 작은 장치 같은 것이다.

　지금까지 함께하는 것의 장점에 대해 이야기했지만, 사실 혼자서 하는 것이 더 편하고 더 익숙한 사람들도 많다. 자신의 성향이 혼자 하는 것에 더 익숙하다면 굳이 사람을 모아 함께 하지 않아도 좋다. 실천을 위해서 꼭 커뮤니티를 만들어야 한 다는 이야기를 하고 싶은 것은 아니다. **어떻게든 실천을 좀 더 쉽게 해보려는 작은 노력들이 결과적으로 좋은 습관과 꾸준 한 루틴을 만든다. 시도해볼 수 있는 노력 중 하나가 바로 동 료와 함께하는 것일 뿐이다.**

☑ 체크하기

혼자가 힘들다면 서로 힘이 되어줄 페이스메이커를 찾아라.

에너지 넘치는 하루를 여는 아침 루틴

늘 바쁘기만 한 아침, 곤욕스럽게 눈을 뜨고 한숨을 쉬며 출근 준비하기에만 급급하던 아침을 바꾸려면 어떤 일을 하는 게 좋을까? 나는 아침 시간을 하루의 분위기와 내 태도를 결정짓는 시간대라고 생각한다. 그래서 나는 저녁 시간뿐 아니라 아침 시간에도 신경을 많이 쓰는 편이다. 사람들은 흔히 출근길에 뉴스를 보지만, 나는 웬만하면 아침에는 뉴스를 보지 않는다. 대부분의 뉴스가 화나거나 슬프거나 걱정되는 일들이며, 그에 따른 분노 가득한 악플은 덤이기 때문이다. 하루를 부정적인 감정으로 시작하고 싶지 않으니 멀리한다.

아침 루틴은 상황에 맞게 조금씩 달라진다. 내가 최근 일 년 넘게 유지하고 있는 아침 루틴은 기상 후 운동, 플래너 쓰기, 10분 독서다. 모두 크게 중요한 일이 아니라서, 부담도 없으면서 하루를 예열하기에 좋다.

• 운동하기

나는 아침에 에너지가 좋기 때문에 저녁보다는 아침 시간에 하는 편이다. 퇴근하고 나서 지친 상태로 운동하러 가려고 생각하면 앞이

캄캄해서, 아침에 일어나자마자 하는 편이다. 아침엔 주로 오랜 공복 상태에서 운동하기 때문에 살도 잘 빠진다. 아침 운동을 할 때는 밤새 몸이 굳어 있기 때문에 준비 운동과 스트레칭으로 몸을 풀어주는 것이 필수다.

• '오늘의 다짐' 기록하고 '투 두 리스트' 살펴보기

운동이 끝나면 아침 식사를 하면서 플래너를 열어 '오늘의 다짐'을 기록하고 전날 저녁에 쓴 '투 두 리스트'를 살펴본다.

잠깐 투 두 리스트와 오늘의 다짐은 어떻게 다를까? 투 두 리스트는 오늘 해야 할 일을 중요도 순으로 나열한 것이고, 오늘의 다짐에는 오늘 하루 가지고 갈 마음가짐을 주로 쓴다. 하루의 태도를 아침에 결정한다고 생각하면 좋다. 예를 들어, '오늘 하루 사람들이 하는 이야기를 잘 들어주겠다', '무의식으로 일어나는 감정에 휘둘리지 않겠다'와 같은 다짐을 주로 쓴다. 그런 다음 어제 저녁에 쓴 투 두 리스트를 보며 오늘 해야 할 일을 다시 한 번 상기하는 것이다.

• 짧지만 깊은 만족감을 주는 10분 독서

오전 시간의 특징이자 장점은, 누구도 방해하지 않는다는 것이다. 저녁에는 퇴근 후에 약속이 생기거나 다른 일정이 생길 변수가 많지만 오전은 비교적 덜하다. 오로지 내 의도대로, 나 혼자만 쓸 수 있

는 방해받지 않는 소중한 시간이다. 이 점을 잘 활용하면 좋겠다. 나는 이 시간에 책을 읽는 것을 좋아한다. 책을 많이 읽기에는 짧은 시간이지만 하루가 시작되는 아침 시간에 좋아하는 일을 할 수 있다는 것 자체가 나를 행복하게 만든다. 아침에 운동을 해서 충만한 에너지를 느끼고, 책을 읽으면서 차분한 행복감을 느끼면 좋은 하루를 만들 준비가 완료되는 기분이다.

· 아침 식사

나는 아침 식사를 꼭 하는 편이다. 경험상 아침 식사를 하는 것과 하지 않는 것의 오전 시간 컨디션은 차이가 많이 난다. 특히 아침에 출근하자마자 기진맥진하고, 자리에 앉았을 때 바로 집중이 잘 안 된다면 커피를 마시는 것보다 아침을 먹어보자. 아침에는 소화가 잘 안 된다는 이유로 식사를 거르는 사람이 많은데, 고구마나 쌀죽 등 위에 부담 없는 음식들도 많다. 매일 아침마다 기운이 없어 점심 전까지 업무에 집중하지 못하는 사람이라면 '아침 챙겨먹기'를 꼭 한번 도전해보길 바란다.

PART 6

"아무것도 하기 싫을 땐 딱 하나만 해라"

흔들리는 루틴을 지키는 6가지 위기 대처법

슬럼프는 누구에게나 온다.
하지만 이 고비를 넘기고
다음 열정 성수기를 맞이할지,
슬럼프에 휩쓸려 모든 것을 놓아버릴지는
자신의 선택에 달려 있다.
완벽할 필요는 없다.
최선을 다해 최소한이라도 지키면 된다.

지금이야말로 나를 더 훌륭한 사람으로 만들 때다.
오늘 그것을 못 하면 내일 그것을 할 수 있는가.

_ 토마스 켐피스

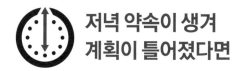

저녁 약속이 생겨
계획이 틀어졌다면

 완벽을 좇다가 모두 놓칠 수 있다

뭐든지 꾸준히 할 수 있는 비결을 묻는다면, 첫째는 너무 잘하려고 하지 않는 마음가짐일 것이다. 무언가를 꾸준히 하기로 다짐했다가 중간에 포기하는 경우 중 대부분이 바로 퀄리티에 대한 욕심이 과한 경우다. 신이 아닌 이상 항상 완벽할 수는 없고, 어쩌다 한 번 완벽할 수는 있겠지만 언제나 같은 퀄리티를 지속하는 것은 불가능하다. 여기서 선택권은 "완벽하지 않을 바에 하지 않는다" 또는 "퀄리티를 약간 포기한다" 두 가지로 나뉜다. 당연히 나의 선택은 후자다.

누구나 "오늘은 글렀으니 내일부터 제대로 해야겠다"고 생각해본 적이 있을 것이다. 책을 여기까지 읽었다면 눈치 챘겠지만, 나는 스스로에게 그렇게까지 엄격한 사람은 아니다. **그럼에도 반드시 지키려고 노력하는 것이 바로 '루틴을 지키는 것'이다. 완벽하게 '제대로' 하는 것은 중요하지 않다. 아주 조금이라도 하면 된다.**

☑ 내일로 미룰 것인가? 조금이라도 할 것인가?

갑자기 오랜만에 친구에게 연락이 와 밤늦게 집에 들어가는 날도, 회사에서 갑자기 터진 사고를 수습하느라 퇴근하자마자 당장 침대에 눕고 싶을 때도 있을 것이다. 이런 날엔 어떻게 할 것인가? 그럴 때마다 오늘은 글렀다며 내일로 미룰 것인가? 아니면 조금이라도 할 것인가? 조금이라도 하는 것이 무조건 낫다.

정말 하기 싫은 날에도 나는 이렇게 생각한다. 오늘 쉬면 내일은 절대 하지 않을 것이라고. 내일은 두 배 더 하기 싫을 것이라고. 관성이 있기 때문이다. 오늘 일을 포기하게 만든 핑계는 내일 더 강력해져서 돌아온다. 피치 못할 사정이 생겼거나,

너무 하기 싫거나, 몸이 안 좋을 때도 최선을 다해서 조금이라도 하면 흐름을 이어나갈 수 있다.

나 역시 힘들고 귀찮으면 수영 강습에 지각하기도 하고, 강습 중간에 잠깐 벽을 붙잡고 한 텀 쉬기도 한다. 플래너 쓰기가 너무 귀찮은 날에는 대강대강 날려 쓰기도 한다. 책이 눈에 안 들어오는 날에 일단 한 페이지만 읽는다. 어떻게든 매일 한다는 데 의의를 둔다. 퀄리티가 별로일지라도.

☑ 그만두기 전에 목표를 수정하라

만약 목표가 '매일 7km 달리기'였는데 자꾸만 지키지 못해 포기하고 싶어진다면, '일 년 동안 매일 달리기'로 목표를 수정하자. '장기간 동안 매일 반복한다'는 목표는 있지만, 하루에 얼마나 많이 하는지는 목표에 넣지 않는 것이다. 그냥 그날그날, 오늘은 컨디션이 좋고 많이 뛰고 싶으면 더 많이 뛰는 것이다. 그렇게 뛰다 보면 어제보다 조금 더 뛰고 싶은 기분이 들 수도 있다. 그럼 어제보다 조금 더 많이 뛰거나 더 빨리 뛰면 된다. 뛰기 싫은 날에는 5분만 뛰어도 된다. 5분만 뛴 날에 스트레스를 받지 않는 것이 중요하다. 어차피 '매일 뛰는 것'

이 목표니까 5분이든 1시간이든 목표를 달성한 것이다. 이렇게 일 년을 채우기로 결심하고, 꾸준히 실천하다 보면 '매일 7km 달리기'라는 목표도 달성할 수 있지 않을까?

오늘은 정말 기운이 하나도 없지만

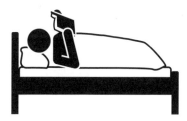

딱 한 페이지라도 읽고 자야지.

☑ 체크하기

완벽하지 않아도 된다. 정말 조금이라도 '하는 사람'이 되자.

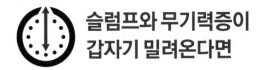

슬럼프와 무기력증이 갑자기 밀려온다면

☑ 슬럼프? 또 왔구나!

갑자기 아무것도 하기 싫어지는 순간이 온다. 슬럼프다. 컨디션이 좋을 때는 일이 많아도 '다이내믹한 인생!' 하고 좋아하다가, 슬럼프가 오면 모든 일이 부담으로 다가와서 예전의 나를 원망하는 일을 반복한다. 머리가 복잡하고, '이것저것 생각 않고 푹 좀 쉬어봤으면' 하고 후회하기도 한다. 이럴 땐 루틴마저 망가진다. 슬럼프가 오면 어떻게 극복해야 할까?

일단 가장 먼저 부정적인 감정에 호들갑 떨지 않는 자세가 필요하다. 무기력은 누구에게나, 언제나, 어떤 상황에서나 올 수 있다. 나는 아예 슬럼프를 기념일처럼 주기적으로 오는 것이라고 생각한다. 그래서 슬럼프가 찾아오면 '또 왔구나' 하고 인정해버린다. 'What you resist, persists(저항할수록 지속된다)'라는 말이 있다. 슬럼프가 왔다고 해서, "왜 또 이러지? 왜 나만 이러지? 다른 사람들은 잘만 하던데?" 등의 생각에 빠지거나 의미를 크게 부여하는 것을 경계해야 한다.

☑ 무기력과 슬럼프를 잘 넘기는 팁

주기적으로 찾아오는 무기력증과 슬럼프를 이겨내는 나만의 세 가지 방법이 있다.

1) 슬럼프가 아니라 열정 비수기

나는 슬럼프를 '열정 비수기'라고 부른다. 사소해 보이지만 언어가 주는 이미지와 힘은 크기 때문이다. 무기력증과 슬럼프라는 말은 부정적이며 헤어날 수 없을 것 같은 이미지를 준다. 하지만 '열정 비수기'라는 말은, 비수기가 있다면 당연히 성수기도 있다는 뜻을 내포한다. 열정 비수기라는 말을 쓰면, '잠시 열정이 덜한 시기가 왔지만, 곧 다시 열정 가득한 날도

올 거야'라는 이미지를 스스로에게 준다. "예전 같지 않네"라고 말하는 주변 사람들에게도 주눅 들지 말고 "나? 요즘 열정 비수기야"라고 해보자. 슬럼프는 **누구에게나 온다. 하지만 이 고비를 넘기고 다음 열정 성수기를 맞이할지, 슬럼프에 휩쓸려 모든 것을 놓아버릴지는 자신의 선택에 달려 있다.**

2) 일의 총량 줄이기

열정 비수기가 왔을 때는 당연히 일의 총량을 줄이는 것이 좋다. 사람에 따라 맞서 싸우자는 자세로 더 열심히 해서 극복해버리기도 한다. 하지만 애초에 의지로 극복할 수 있으면 슬럼프도 아니다.

유연성 있게, 리듬을 잘 타는 것이 중요하다. 파도가 몰려오면 맞서 싸우는 게 아니라 힘을 빼고 적당히 휩쓸려주는 것이다. 컨디션이 좋은 날에는 조금 더 하고, 컨디션이 나쁘면 좀 덜 하고, 슬럼프가 심할 때는 정말 조금만 하고. 하지만 아주 놓지는 않는 것이 중요하다. 매일 공부하던 루틴이 있다면, 그냥 책상에 앉아 책을 펴고 단원 제목만 읽은 뒤 덮어버리기라도 하자. 안 하면 안 할수록 더 하기 싫어지고, 그러면 슬럼프가 길어지기만 한다. 작게 하되, 일단 해야 한다.

3) 불안해하지 말고 푹 쉬기

슬럼프가 찾아와서 일을 줄이고, 휴식을 취할 땐 불안해하지 말고 쉬어야 한다. 나는 가만히 있는 것을 불안해하는 성격이라, 나 역시 잘 실천하지 못하지만 전략적인 휴식은 반드시 필요하다는 것을 안다.

☑ 다 놓아버리고 싶은 회의감이 든다면

사람들이 회의감을 느끼는 이유는 크게 두 가지다. 목표를 위해 현재의 즐거움을 희생해야 한다는 것과 이렇게까지 노력했지만 원하는 결과가 보장되지 않는다는 것이다. 하지만 냉정하게 이야기하면 결과는 노력에 비례하지 않는다. 내가 더 열심히 했는데 다른 사람이 더 빨리 목표를 이루고, 내가 더 많이 공부했는데 다른 사람만 시험에 붙는 일도 반드시 생긴다. 그렇기 때문에 "이 일을 이루지 못하면 절대 안 돼! 무슨 수를 써서라도 이뤄야 해! 실패하면 끝이야!"라고 생각하고 목표를 추구하면 인생이 괴로워질 수밖에 없다.

모든 것을 다 걸어 목표를 위해 전력투구를 해야 하는 때는 정해져 있다. 수능이나 고시처럼 중요한 시험을 앞두고 있을 때다. 하지만 살면서 정한 모든 목표를 그런 태도로 임해서는 안 된다. 현재의 행복을 너무 갉아먹으면서까지 목표를 이뤄 봤자 만족감은 목표를 이룬 그 순간에만 잠깐 찾아올 뿐, 목표를 이루기 전까지는 주기적인 회의감에 시달릴 수밖에 없다.

☑️ 목표는 그저 방향키에 불과하다

목표란 올바른 행동 방향을 만들기 위해 정하는 것이지, 현재를 괴롭게 살기 위해 정하는 것이 아니다. 그러나 많은 사람들이 목표를 추구하느라 괴로워하는 것을 드물지 않게 볼 수 있다. 목표는 갖되, 과정도 즐거울 수 있는 방향을 추구했으면 좋겠다.

수치화된 어떤 목표를 이루거나 꼭 갖고 싶었던 물건을 가져서 느끼는 즐거움은 생각보다 휘발성이 강하다. 현대인은 노력해서 원하는 것을 손에 넣는 데에 중독되어 있다. 비유적 표현이 아니라, 말 그대로 중독되어 있다. 수치화된 목표가 아니라 성장 자체의 즐거움을 더 크게 느낄 수 있도록 생각을 바꿔보자. 어제와 다른 내가 되는 것, 어제는 못 했던 일을 오늘은 성공해내는 것. 이런 것이 즐거움이다.

'오늘도 실천했다'에서 오는 만족감을 느껴보자. 실천은 내가 행동하면 반드시 성공한다는 보장이 있고, 즉각적인 만족감을 주며, 내 마음대로 되지 않는 데서 비롯된 쓸데없는 괴로움이 적다. 감각적 쾌락과 행복을 혼동하지 말자.

☑ 체크하기

슬럼프와 무기력은 그저 한때 지나가는 '비수기'로 칭하자.

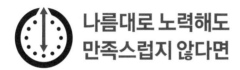

나름대로 노력해도
만족스럽지 않다면

☑ 사람들은 왜 자학을 할까?

자기계발 콘텐츠를 유튜브에 올리다 보니 나에게 고민 상담을 요청하는 분들이 많다. 가끔 라이브 방송을 할 때도 채팅창에 고민을 많이 남기시는데, 어떤 분은 100만큼 해내야 하는데 매번 60밖에 못 해내는 스스로가 너무 밉고 한심해서 매일 자학하지만 바뀌는 건 없다고 고민을 털어놨다.

사실 이분처럼 자신이 생각하거나 계획한 만큼 해내지 못해서 스트레스를 받는 분들이 굉장히 많다. 이유가 뭘까 생각하다가 두 가지 경우를 나눠 생각해봤다. 첫 번째는 해야겠다고 마음만 먹고 행동하지 않는 경우이고, 두 번째는 충분히 행동했는데 스스로 자꾸 부족하다고 생각하는 경우다. 하나씩 살펴보도록 하자.

☑️ 마음만 먹고 행동하지 않는 경우

머리로는 매일 꾸준히 운동도 하고 싶고, 퇴근 후에 취미 생활도 하고 싶은데 막상 저녁 시간이 되면 아무것도 하기 싫어 누워버린다. 이처럼 마음은 굴뚝같은데 행동하지 못해 괴로운 사람을 위한 해결책은 사실 하나다. 행동을 해야 한다.

수의학 교과서에 가장 많이 등장하는 단어가 바로 '원발 요인 교정'과 '대증 처치'다. 쉽게 예를 들면, 암 덩어리가 뱃속에 있어서 복통을 일으킨다면, 진통제로 통증을 줄여주는 게 대증 처치고, 수술이나 항암치료로 암을 제거하는 것이 원발 요인 교정이다. 행동하지 않는 자신 때문에 괴로운 마음이 반복해서 든다면, 괴로운 마음을 달래는 것은 대증 처치에 불과하다. 그러므로 암 덩어리를 들어내서 통증의 원인을 아예 없애듯이 행동을 해서 불쾌한 마음을 없애야 한다.

주말 아침에 일어나면 꾸물거리면서 게으름을 피우고 싶을 때가 많다. 하지만 어영부영 하루를 보내고 아무것도 한 것 없이 저녁이 되면 지나가버린 하루가 아까워 기분이 안 좋을 것이다. 그걸 알기 때문에 오전부터 바쁘게 움직인다. 운동하기 전에는 가기 귀찮지만, 하고 나서는 상쾌하다는 사실을 알기 때문에 움직인다. 행동하지 않은 사람은 누구도 탓할 수 없기 때문에 스스로를 공격할 수밖에 없다. 계속해서 스스로를 공격하면 마음에 병이 생긴다. 스스로를 공격하는 것이 아프다 보니, 나중에는 자기합리화라는 대증 처치를 시작한다. 그러나 마음 깊은 곳에서는 여전히 자신을 계속 한심하게 생각할 것이다.

☑ 행동은 하는데 욕심이 지나친 경우

두 번째, 행동하긴 하는데 마음이 급하고 욕심이 지나친 경우다. 완벽주의도 마찬가지다. 나보다 잘하는 사람을 보면서 비교하고, 아무리 노력해도 나는 아직 멀었다는 생각을 하는 것이다. "매일 데일리 플래너를 쓰고 있긴 한데, 더 꼼꼼히 쓰지 못하고 낭비하는 시간이 많아서 답답해요"와 같은 고민이다. 나는 펄쩍 뛰면서 이렇게 말한다. "매일 데일리 플래너를 쓰고 있다는 것만으로도 대단하다는 생각 안 해보셨어요?"

조급한 마음과 완벽주의는 결심한 일을 금방 포기하게 한다. 내가 뭔가를 꾸준히 할 수 있는 것은 페이스를 적당히 유지하기 때문이다. 어떤 일을 시작할 때, 같이 시작했지만 나보다 훨씬 잘하는 사람을 많이 만났다. 하지만 내가 꾸준히 해나가는 동안 같이 시작했던 사람들이 하나둘씩 포기하는 것도 많이 보았다. 꾸준히 할 일이라면 속도는 중요하지 않다.

하루에 1%만 성장하면 일 년 후에 37배 성장할 수 있다고 한다.[1] 우리의 목표는 어제보다 더 잘하는 것이 아니라 매일 1% 내외의 작은 성장을 거듭하는 것이다. 컨디션이 나쁜 날에는 유지하는 것만 목표로 한다. 내가 하려는 일은 그렇게 대단한 일이 아니다. 국가대표 선수가 금메달을 목표로 운동하는 것도 아니고, 어떤 시험을 준비하는 것도 아니다. 그저 퇴근 후 시간에 생산적인 일을 하거나, 취미 생활을 꾸준히 해보자는 것 아닌가? 그러니 자학하지 말고 즐겁게 하자.

☑ 과도한 자책과 합리화를 방지하는 반성 알고리즘

반성은 당연히 필요하다. 부족했던 부분을 살펴보고, 다시 같은 실수를 반복하지 않고 더 좋은 방향으로 발전할 수 있게 돌아보는 과정이기 때문이다. 어제보다 1% 나아지려면 어제의 나를 반성할 수 있어야 한다. 문제는 반성 후에 행동을 고칠 것이냐, 자학하며 괴로워만 할 것이냐다.

의욕적인 사람은 뒤를 돌아보지 않고 앞으로 달려나간다. 뒤를 돌아보며 실패한 자리에서 머무르는 것이 아니라, 다시 잘 나아갈 방법을 찾는 것이 반성이다. 실패한 자리를 돌아보면 우울할 수밖에 없겠지만 다시 행동하면 자책도 줄어들고, 아쉬운 점이 있어도 방향을 계속 수정해나갈 수 있다. 반성에도 좋은 방법이 있다. 과한 자책과 과한 합리화를 방지하고 중도를 지키는 '반성 알고리즘'이다.

1) "왜 계획대로 되지 않았는가?"

계획대로 되지 않은 데는 여러 가지 이유가 있다. 단순히 의지력이 약해서라고 생각할 수도 있다. 하지만 의지력이 약해진 데도 여러 이유가 있다. 몸이 좋지 않아서, 날씨가 너무 더워서, 오늘 회사에서 스트레스를 받아서 등 계획대로 되지 않은 이유를 최대한 분석해야 건강한 해결책을 얻을 수 있다. 몸이 좋지 않아서라면 체력을 보강할 방법을 찾을 것이고, 회사에서 스트레스를 받아서라면 스트레스 상황에 어떻게 대응할 것인지를 고민해볼 수 있다. 그냥 '또 못했네, 내가 그렇지 뭐' 하고 자학하고 끝내는 것과는 차원이 다르다.

2) "내가 어찌할 수 있는 문제였는가?"

계획대로 되지 않은 이유를 분석한 다음에는 '내가 어찌할 수 있는 문제였는가?'를 생각해본다. 말 그대로 내가 노력해도 바꿀 수 없는 문제였다면 빠르게 잊어버리는 편이 좋다. 의외로 어쩔 수 없었던 일에도 자책감에 빠져 있는 경우가 많다.

3) "최선을 다했는가?"

마셜 골드스미스의 책 『트리거』[2]에서 배운 좋은 반성 툴이 있다. 바로 '최선을 다했는가?'라는 질문이다. 매일 실천하고 싶은 주제를 몇 가지 정하고, 피드백을 위한 질문을 만드는데 모든 질문은 '최선을 다했는가?'로 끝나야 한다. 책에서는 이런 형식의 질문을 '능동적 질문'이라고 표현한다. 예를 들어 목표가 '매일 건강하게 적당량만 먹기'라고 가정해보자. 이 목표에 대해 피드백하려면 '건강한 메뉴를 적당량만 먹으려고 최선을 다했는가?'라고 질문하면 된다.

최선을 다해도 어쩔 수 없는 경우가 있다. 하필이면 회식 메뉴가 삼겹살이고 술잔까지 오가고 있다면 최대한 채소 위주로 골라서 적당히 먹고, 술도 한 잔만 기분 좋게 즐기려고 신경 써서 먹는 식의 노력을 할 수 있다. **어쩔 수 없는 상황에서 너무 스트레스를 받는 것도 피해야 하지만, 어쩔 수 없었다며 너무 쉽게 합리화하는 것도 피해야 한다. 이를 위해 가장 좋은 피드백이 '최선을 다했는가?'라는 능동적 질문이다.**

원래 100% 계획대로 되는 일은 없다. 누구에게나 마찬가지다. 하지만 누군가는 어떤 일이 계획대로 되지 않았을 때 빠르게 방향과 전략을 수정하고, 누군가는 자신을 탓하며 괴로워한다. 당신은 어떤 사람이 되고 싶은가? 개인적인 목표에서뿐 아니라 앞으로 사회는 더 빠르게 변화할 것이므로, 문제를 빠르게 파악하고 전략을 수정할 줄 아는 사람이 앞서갈 것이다. 그러니 문제가 발생하면 깔끔하게 반성하고, 자학하는 대신 행동을 바꾸는 패턴을 몸에 익혀보자.

---

* 1. 『아주 작은 습관의 힘』, 제임스 클리어, 비즈니스북스, 2019.
  2. 『트리거』, 마셜 골드스미스, 다산북스, 2016.

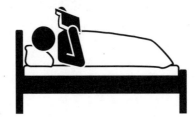

☑️ 체크하기

완벽하지 않아도 최선을 다했다면 스스로를 칭찬하라.

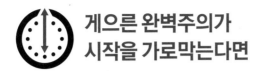

게으른 완벽주의가
시작을 가로막는다면

☑ 시작부터 영혼을 갈아 넣는 사람들

의외로 세상에는 완벽한 '때'를 기다리는 사람이 많다. 준비물부터 마음가짐과 시기까지, 완벽한 타이밍을 노리며 시작을 늦추는 사람들. 하지만 완벽한 환경은 생각처럼 딱딱 갖춰지지 않는다. '나 퇴사하고 유튜브할래'가 유행어인 요즘, 실제로 유튜브를 하고 싶다고 말하고 실천에 옮긴 사람은 정말 드물다. 오랜만에 만나서 "전에 유튜브 하신다더니, 채널 개설하셨어요?"라고 물어보면 열에 아홉, 아니 백에 아흔아홉은 시작조차 하지 않았다. 이유는 거의 똑같다. 아직 카메라를 뭘 사야 할지 모르겠어서, 조명이 없어서, 집이 엉망이어서, 콘텐츠가 준비가 되지 않아서 등등 마음의 준비든 물질적인 준비든 준비가 덜 되었다고 생각하는 것이다.

나는 SNS로 퍼스널 브랜딩을 해보기로 결심하고 바로 인스타그램을 시작했는데, 며칠 해보니 별로 적성에 맞지 않는 것 같다고 느꼈다. 바로 유튜브로 방향을 전환하고, 그날 저녁에 중고장터에서 27만 원을 주고 중고 콤팩트 디지털카메라를 샀다. 애석하게도 메모리 카드가 포함되어 있지 않아서 촬영하는 데 하루가 더 걸렸다. 다음 날 메모리카드를 사서 끼워 넣고 바로 유튜브 영상을 찍어 올렸다. 3년이 지난 지금까지도 그날 산 중고 카메라를 메인으로 사용하고 있다. 무슨 준비가 어떻게 더 필요한가? 그냥 있는 대로 되는 대로 시작하고 점점 발전시키면 뭐든 어떻게든 된다.

완벽하게 준비하고 시작하려는 사람들의 대부분은 시작조차 하지 못한다. 어찌어찌 시작하더라도, 영상 3~4개 정도 올린 후에 지쳐서 그만두게 된다. 영상 하나에 온 영혼을 갈아 넣었으니, 다음 영상을 찍을 땐 또 얼마나 기합이 들어가겠는가? 그렇게 처음부터 힘을 주면 금방 녹초가 된다.

☑ 이왕 시작한 거 '잘하자'가 아니라 '꾸준히 하자'

각종 미디어에서 최소한 하루에 30분은 뛰어야 유산소 운동의 효과가 있다고 말한다. 그런 말을 들으면 나도 모르게 '아 이렇게 찔끔찔끔 하느니 오늘은 쉬고 내일부터 제대로 하자'라는 생각이 들 수밖에 없다. 어떤 아이돌은 하루에 4시간씩 운동하고 하루 한 끼 샐러드만 먹었다고 한다. 그런 말을 들으면 내가 하는 다이어트가 우스워 보여 갑자기 힘이 빠진다. 속지 말자. 그 아이돌은 컴백 전 2주간만 그렇게 먹은 거다. 그리고 우리는 짧으면 한 달, 길면 평생을 함께할 습관을 만들어야 한다.

모두가 '완벽하게 잘 못하는 것'에 대해서 좀 관대해졌으면 좋겠다. 사회 분위기 역시 그렇게 바뀌었으면 좋겠다. 우리는 지금 비행기를 운전하거나, 생명을 치료하거나, 범죄를 심판하는 일을 하는 게 아니다. 우리가 하는 일의 대부분은 실수가 용납되는 일이다. 특히 이 책에서 이야기하고 있는 루틴 관리, 사이드 프로젝트, 시간 관리 등은 너무나도 실수가 용납되는 일이다.

이왕 하는 거 제대로 잘하고 싶은 욕심이 드는 건 이해하지만, 앞으로는 '이왕 시작한 거, 꾸준히 하고 싶다'는 욕심 쪽으로 방향을 틀어보자. 오래 할 일은 당장의 퀄리티보다, 지속 가능성이 더 중요하다. 당장 실천할 수 있는 작은 과제를 제시하자면, "그렇게 하느니~"로 시작하는 말을 앞으로 하지 않는 것이다. 남에게도, 스스로에게도 하지 않기로 약속하자. **남이 보기에 하찮은 수준의 일을 묵묵히 꾸준히 해온 사람들은 결국 남들이 부러워하는 성과를 이룬다.**

☑️ 체크하기

완벽이라는 핑계로 시작을 미루고 있다면, 목표를 수정하자.

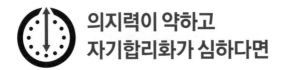

의지력이 약하고
자기합리화가 심하다면

☑ 의지력 말고 실천력

원조 '공부의 신'으로 유명한 고승덕은 사법고시를 준비하던 시절에 밥을 먹는 시간도 아까워서 반찬과 밥을 믹서기에 넣고 갈아서 먹었다고 한다. 수험생들은 이 일화에 빗대어 시험 직전에 급하게 많은 양을 공부해야 할 때 "나 요즘 고승덕 모드야"라고 한단다. 많은 사람들이 이런 이야기들을 듣고 '의지가 대단하다'고 감탄하며 그런 강력한 의지를 발휘하지 못했던 지난날의 나를 탓한다.

나는 인생을 통틀어 딱 두 번의 큰 시험을 쳤는데, 수능과 수의사 국가고시다. 시험 직전 마지막 한 달 정도는 나 역시 밥 먹는 시간도 아까워 대용식을 먹어가며 공부했던 기억이 있다. 인생을 윤택하게 해주는 대부분의 일을 포기하고 공부에만 매진했던 시기다. 이런 시험들의 공통점은 바로 끝이 정해져 있다는 것이다. 붙든 떨어지든 시험에 통과할 때까지만 집중하고 노력하면 된다. 중요한 시험, 면접, 발표 등 강한 의지와 투지, 폭발적인 집중력이 필요한 시기가 있다. 강한 의지가 필요할 때는 바로 이런 때다.

시험은 명확한 끝이 있지만 우리 인생은 끝이 정해져 있지 않다. 하지만 사람들은 시험 치는 생활에서 벗어나고도 마치 그때처럼 의지를 불태워야 알찬 삶이라 착각한다. 계획을 실천하지 못하는 사람들은 자신의 약한 의지를 탓하지만 더 정확히 말하자면 실천력이 부족한 것이다. 실천은 강한 의지로 해내는 것이 아니다. 그냥 어제 했던 일, 지금 당장 해야 하는 일을 하는 것이다. 플래너를 열어 '투 두 리스트'를 보고 가장 급하고 중요한 일을 행동으로 옮기는 것이다. **강한 의지를 발동하려면 에너지가 많이 들지만, 습관에 의한 실천은 그렇지 않다. 의지와는 반대로 의식을 덜 하면 덜 할수록 좋다.**

☑ 모든 일에 힘을 잔뜩 주지 말자

많은 분들이 '제가 의지력이 약해서'라는 말을 시작으로 고민을 털어놓는다. 때로는 내 의지력이 부럽다고 한다. 그럴 때마다 나는 이렇게 말한다. "목표가 에베레스트 등정 아니죠? 올림픽 금메달 준비하는 거 아니잖아요. 실천은 의지가 아니라 습관으로 하는 거예요." 나는 의식적으로 의지력이라는 말 대신 실천력이라는 말을 쓴다. 심리적인 면에서도 의지라는 말을 자주 쓰는 건 좋지 않다. 사소한 일에도 의지가 필요하다고 생각하는 순간, 우리는 부정적으로 변한다. 왠지 그 일은 힘들고, 하기 싫고, 억지로 해야 하는 일처럼 느껴지기 때문이다. 사소한 일은 그냥 별거 아닌 마음으로 하자. 모든 일에 힘을 잔뜩 주는 건 쓸데없이 자신을 너무 고되게 만든다.

세계적인 피겨스케이터 김연아 선수를 다룬 한 다큐멘터리에서는 이런 장면이 나온다. 김연아 선수가 스트레칭을 시작하자 옆에 있던 감독이 이렇게 질문한다. "스트레칭할 때 무슨 생각을 하세요?" 그러자 김연아가 대답한다. "무슨 생각을 해, 그냥 하는 거지." 김연아의 솔직담백한 이 대답은 방영 이후 인터넷에서 '짤'로 돌아다니며 꽤나 유명세를 탔다. 담백하다 못해 건조하게 느껴지기까지 하는 이 말에는 같은 일을 백 번이고 천 번이고 반복했을 김연아의 내공이 느껴진다. 행동하기 전에, 그리고 행동하기 위해서 너무 많은 생각을 하지 말자. 나는 실천하기 전에 생각하는 것을 의식적으로 최대한 자제하려고 한다. 실천하기 전에 드는 생각들은 대부분 나쁜 쪽으로 흘러간다는 걸 깨달았기 때문이다. '하기 싫다, 아니, 해야지, 근데 진짜 하기 싫다, 그래도 해야지…' 하고 머릿속으로 싸우다 보면 하기도 전에 지친다.

감정이 실천을 방해할 때도 많다. 기분이 좋지 않은 날은 실천하기 전에 주절주절 생각만 길어진다. 이 생각들은 합리적인 척하는 감정의 스파이다. 매일 근력 운동을 하기로 결심했는데, 어느 날 헬스장에 가기 싫은 기분이 들면 굉장히 이성적인 척하는 자기합리화가 발동한다. "근력 운동은 원래 매일 하는 거 아니래, 휴식기 동안에 근육이 회복하면서 근력이 붙는다지?", "오늘 몸이 좀 안 좋은 것 같은데, 혹시 오늘 헬스 갔다가 몸살이라도 나면 어떡해. 내일 출근하기 싫은 거야?"라고 감정의 스파이가 속삭이는 것이다.

이러한 스파이에게 당하지 않는 전략은 두 가지다. 이것이 자기합리화라는 걸 빨리 눈치채고 스파이가 움직이기 전에 더 빠르게 행동에 옮기는 것이다. 엄마는 항상 나에게 말씀하셨다. "뭐든 하기 싫다는 생각이 들기 전에 해야만 할 수 있다."

행동을 시작하는 순간 신기하게도 감정은 달아나고, 실천은 지속할 수 있다. 매일 운동하기로 결심했는데, 운동을 하러 가기 싫다면, '역시 나는 의지가 약해!'라고 생각하지 말고, '음, 또 생각을 하기 시작했군. 생각을 그만두고 일어나자!'라고 생각해보자.

☑ 체크하기

모든 일에 힘을 주기 시작하면, 시작할 때도 그만큼 힘이 든다.

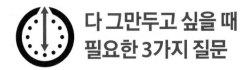# 다 그만두고 싶을 때
필요한 3가지 질문

✅ 포기할까? 말까? 답을 정해드립니다

직장 생활을 하면서 두 번의 퇴사를 거쳐 세 번째 직장에서 일
하게 되었다. 운이 좋아 세 군데 모두 참 좋은 곳에서 일할 수
있었다. 각자의 장점도 있었고, 친구들이 모두 부러워할 만큼
괜찮은 직장도 있었지만, 돌아설 때는 미련 없이 늘 단호하게
돌아섰다. 포기도 일종의 결정이다. 잘 실행하는 사람이 포기
도 깔끔하게 잘 한다. 성공에 대한 이야기를 하는 사람들은,
'포기'에 대한 이야기를 꺼내는 것을 꺼린다. 포기는 곧 실패,
포기하는 사람은 패배자로 느껴지는 것일까?

그만두고 싶다는 생각이 드는 순간, 의심이 고개를 든다. '나, 이 정도밖에 안 되는 사람이었나? 야심차게 시작해놓고 또 이렇게 쉽게 포기하나?' 이런 생각에 자괴감이 들 수 있다. **하지만 포기가 두려워 시작조차 하지 않는 사람보다, 계속 시도하는 사람이 낫다. 시도했다가 포기하더라도, 아예 시작조차 하지 않은 사람보다 훨씬 나은 것이다.**

이것저것 도전해보고 맞지 않는 것은 버리는 것도 좋은 전략이다. 특히 적극적인 삶을 살기로 결심한 지 얼마 되지 않은 '도전 새내기'라면, 내 취향을 잘 알지 못하기 때문에 양적 도전도 의미 있다. 나도 이것저것 정말 많이 시도했다가 다 포기하고 몇 가지 나에게 잘 맞는 것만 남겨서 꾸준히 지속하고 있다. 모두가 시행착오를 거칠 수밖에 없다. 그래도 포기하는 게 망설여지는 분을 위해, 정말 그만둘 때인지 의지박약인 나의 습관성 포기인지 구분이 잘 되지 않는 분들을 위해, 포기하고 싶을 때 필요한 3가지 질문을 알려드리겠다.

1) 더 이상 즐겁지 않은가?

퇴근 후 활동을 선택하는 기준은 가장 첫 번째가 '내가 즐거워하는 일인가'이다. 내가 즐거워서 시작한 일인데, 즐겁지 않아 그만두는 것이 뭐가 문제인가? 일터에서도 책임져야 할 일이 너무 많은데 퇴근 후에 하는 일까지 스스로에게 부담과 책임감을 강요하는 건 좋지 않다. 특히 사이드 프로젝트를 시작했는데 전혀 즐겁지 않다면 결국 온종일 퇴근하지 못하고 일만 하는 셈이다. 재미가 없다면 과감히 포기해도 괜찮다.

물론 애매한 경우들도 있다. 할 때는 재밌는데, 몸을 일으키기가 당장 귀찮은 것들이 있을 수 있다. 예를 들어 댄스 학원에 등록했다. 춤을 배우는 건 신나는데, 학원에 가기가 너무 귀찮다면? 조금 더 참고 지속해보자. 단순히 귀찮은 일은 장기간 반복해서 습관이 되면 어렵지 않게 된다. 당장의 귀찮음이 나중의 즐거움을 가리고 있는 것은 아닌지 살펴보자.

2) 장기적으로 유용한 결과를 가져다주지 않는가?

즐겁지 않아도 지속할 만한 가치가 있는 것들이 있다. 대표적으로 운동, 자기계발, 명상 등이 있다. 이런 것들은 당장 재미가 없지만 장기적인 유익이 거의 보장되어 있는 일이다. 이런 종류의 일들은 초반의 고통을 버텨내고 꾸준히 지속하면, 나중에는 분명 재미가 붙는다. 주변에 운동에 중독된 사람들을 보면 알 수 있다. 처음에 성장하는 걸 체감하지 못할 때는 하기 싫지만, 나중에는 고통 후에 따라오는 성장 자체에 재미를 느끼게 된다.

아무리 재미있는 일이라도 반복하다 보면 지루해질 수밖에 없다는 것도 기억하자. 지금 나는 이 책을 집필하고 있다. 평생의 꿈이 내가 쓴 책을 출판하는 것, 즉 작가가 되는 것이었다. 기쁘게 집필을 시작했지만 매주 정해진 분량의 원고를 쓰는 것이 강제적인 압박감으로 다가오는 순간들이 분명히 있었다. 지금도 포모도로 시계를 켜놓고 책상 앞에 나를 '묶어' 놓은 상태다. 하지만 나는 글 쓰는 것을 좋아하고, 남들에게 내 이야기를 하는 것을 좋아하는 사람이다. 잠깐의 귀찮음, 바쁜 일의 압박감 때문에 포기한다면, 뒤에 올 출간의 기쁨을 모두 포기해야 한다.

3) 남에게도 유익하지 않은가?

첫째, 둘째를 만족시키지 않는데 세 번째에 해당한다고 지속할 필요는 없다. 즉 재미도 없고 나에게 유익하지도 않은데 남을 위한 일이면 일방적 희생이며, 지속하지 않고 당장 포기해도 괜찮다. 봉사활동을 하더라도, 일방적인 희생을 하는 사람은 없다. 남을 돕는 데서 오는 즐거움, 뿌듯함, 내면의 성장이 있기 때문에 하는 것이다. 보람을 느끼지도 못하고 즐겁지도 않은데, 의무감에 하고 있는 일이 있다면 다시 한 번 생각해볼 필요가 있다. 물론 각자의 가치관에 달린 일이다.

☑ 포기했다고 패배자가 되는 것은 아니다

우리는 흔히 스트레스가 너무 심할 때 홧김에 '포기'를 결정하는 경우가 있다. 하지만 스트레스가 심할 때는 중요한 결정을 하지 않는 것이 좋다. 잠깐 주기적으로 지나가는 스트레스일지 모르기 때문이다. 충동적으로 포기를 결정하기 전에 위의 세 가지 항목을 점검해보자. 세 가지 항목에 모두 해당된다면 과감하게 그만두어도 좋다. 어떤 바보가 장기적인 유익도 없고, 남에게 도움도 되지 않으며, 재미없는 짓을 계속 할까 싶겠지만 의외로 우리 주변에 많다. 의미 없이 남들이 하니까 따라 하는 어학 공부, 의무감에 하는 자기계발 등이 있다. 내가 소개한 위의 세 가지 기준은 꽤 보편적이라고 생각하지만, 누군가에게는 그렇지 않을 수도 있다. 그렇다면 나만의 포기 기준을 정해보는 건 어떨까?

그만두는 데도 많은 용기가 필요하다. 이제껏 했던 노력이 물거품이 되는 기분, 아깝다는 생각, 시간 낭비한 것이 아닐까 하는 자괴감이 들 수 있다. 패배자라는 생각이 들고 이번에도 끈기 있게 하지 못한 나를 자책하게 될 수도 있다. 하지만 포기에 너무 큰 의미를 부여하지 않아도 된다. 태어나면 죽는 것이고, 시작하면 끝이 있는 것이고, 시작했다가 포기할 수도 있을 뿐이다.

잘 숙고해서 내린 결정이라면 오히려 포기하면서 얻는 것이 더 많을 수 있다. 뻔한 이야기 같겠지만, 도전했다가 포기한 경험 역시 나를 알아가는 시간이었던 것이다. 경험은 늘 성장의 자산이 된다. 포기는 나쁜 게 아니지만, 스스로에 대한 부정적인 평가를 적립하는 것은 나쁘다. **우리의 삶은 어차피 현재밖에 없다. 지나간 시간이 아깝다고 자꾸 돌아보며 자책하지 말고 앞으로 우리에게 다가올 시간을 어떻게 더 알차고 소중하게 사용할지 생각하자.**

☑ 체크하기

괜한 자존심으로 포기해야 할 때를 놓치지 말자.

알찬 저녁 생활을 위한 체력 관리 노하우

시간 관리를 잘 해서 48시간 같은 24시간을 만들었다고 한들, 그 48시간을 버틸 체력이 없으면 무용지물이다. 모두가 인정하는 약골이었던 내가, 웬만큼 바빠도 정신을 놓지 않는 체력 왕이 된 몇 가지 간단한 방법을 소개한다. 물론, 방법은 간단하지만 실천은 간단하지 않을 수도 있다.

• 운동하기

누구나 체력 증진을 위해서라면 운동을 해야 한다는 것을 알지만 실천하기 쉽지가 않다. 그럴수록 나에게 잘 맞는 종목을 찾기 위한 노력이 필요하다. 재미있지 않으면 지속하기가 정말 힘들다. 나도 원래 운동을 꾸준히 하지 못했다. 요가, 필라테스, 웨이트 트레이닝 등 여러 가지 운동을 시도했다 포기하는 과정을 거치다가 결국 수영에 정착하게 되었다.

운동하지 않는 사람의 첫 번째 핑계는 바로 시간이 없다는 것이다. 하지만 나는 오히려 더 바빠졌기 때문에 운동을 시작했다. 나는 앞으로도 하고 싶은 일을 다 하면서 바쁘게 살고 싶은데, 체력이 안 되거나 몸이 아파서 못 하게 될까 봐 운동을 시작했다. '바빠서'라는 핑계를 차단하기 위한 방법은 바로 출근 전 시간을 활용하는 것이다. 운동을 하고 출근하면 출근해서 피곤하지 않을까 걱정될 수도 있다. 사실대로 말하자면 처음엔 정말 피곤하다. 출근하면 병든 닭처럼 꾸벅꾸벅 졸기도 했다. 하지만 두 달만 버티면 적응된다.

· 최초 두 달 버티기

새로운 일을 시작하면 체력에 부친다. 하지만 새로운 일을 시작하고, 두 달을 어떻게든 버티면 그 생활을 유지할 만큼의 체력은 붙는다. '사람은 적응의 동물이라더니…' 하고 새삼 놀라게 된다. 단순한 방식이지만 이 전략은 늘 통했다. 단점은 처음 두 달간 포기하고 싶은 마음이 수시로 든다는 점이다. 밤에 눈물로 베개를 적셔야 할 수도 있지만, 스스로를 믿고 버텨보자.

· 잘 챙겨먹기

사람들이 정말 지키기 어려워하는 것 중 하나다. '내가 먹는 것이 곧 나'라고 했다. 많이들 오해하고 있는 것이, 잘 먹는다는 게 곧 에너지 밀도가 높은 음식을 먹는 거라는 생각이다. 기력이 부족할 때, 흔히 말하는 보양식을 푸짐하게 먹어야 힘이 솟는 게 아니다. 오히려 소화가 잘 되는 음식을 적당량만 기분 좋게 먹어야 활력이 생긴다. 야식은 수면의 질을 떨어뜨려, 다음 날의 컨디션을 저조하게 만들기 때문에 되도록이면 피하는 게 좋다. 신선한 채소, 해조류, 과일을 잘 챙겨 먹고 물을 많이 마시는 것도 잊지 말자.

- 산책하며 햇빛 쬐기

적당히 햇빛을 쬐는 건 신체 건강뿐만 아니라 정신 건강에도 중요하다. 요즘에는 다들 자외선을 차단하느라 바쁘다. 물론 자외선을 과다하게 쬐면 피부 질환, 안질환 등의 다양한 위험이 있지만, 햇빛을 너무 적게 쬐는 것도 문제다. 몸은 밝으면 '아침이다', 어두우면 '저녁이다'라고 인식하는데, 낮밤을 가리지 않고 블루라이트로 자극하니 뇌가 정신을 차릴 수 없다. 낮밤의 구분이 모호해지니 잠도 푹 잘 수 없다. 낮에는 커튼을 걷고 밝게 생활하고, 밤에는 전자기기 사용을 줄이자. 내가 일하는 곳은 창이 적어 정말 햇빛이 잘 들지 않는다. 그래서 일부러 점심을 먹고 회사 앞에 나가서 10분 정도 일광욕을 한다. 이렇게 하니 식곤증도 많이 줄어들었다. 특히 계절성 기분 변화가 심하다면 일조량이 줄어드는 가을, 겨울철에는 낮에 커튼을 걷고, 짬을 내서 바깥에 나가 햇빛을 쬐는 시간을 내길 권한다.

- 명상

명상과 체력에 관계가 있을까? 내 대답은 '있다'이다. 성격이 예민한 사람은 늘 피곤하고, 살도 잘 찌지 않는다. 정신적인 소모가 체력 소모를 일으키기 때문이다. 나는 원래 생각이 많은 편이라, 쉴 새 없이 시끄러워지는 머릿속을 고요하게 잠재우기 위해서 명상을 시작했다. 명상을 시작한 지 오래되지 않았음에도, 예전에 비하면 훨씬 단순하고 명쾌하게, 현재의 삶에만 집중하는 방식으로 살아갈 수 있게 되었다. 마구 앞서서 달려나가는 생각을 중간에 재빠르게 알아차리고 끊어낸 다음 다시 고요한 지금의 자리로 돌아올 수 있게 되었다. 명상은 말하자면 '생각의 미니멀리즘'을 위한 도구다. 명상은 누구에게나 좋지만, 특히 복잡한 생각들에 시달리는 사람이 있다면 더 추천한다.

나는 오늘도 즐겁게 '할 일'을 한다

나는 치열하게 사는 사람이 아니다. 나는 하기 싫은 일을 미래의 영광을 위해 꾹 참고 지속하는 사람도 아니다. 하지만 살다 보면 하기 싫은 일도 해야 하는 순간이 온다. 그렇다면 어떻게 조금이라도 쉽게 할 수 있을지 요령을 찾는다. 오랜 고민 끝에, 하기 싫은 일을 조금이나마 쉽게 하는 방법은 '루틴으로 만드는 것'이라는 결론을 내렸다. 그리고 루틴을 더 쉽게 만들고 꾸준히 실천할 수 있게 만드는 방법에 대해 또 연구했다. 나름대로 얻은 결론들을 유튜브를 통해 사람들과 나누었다. 그리고 '습관 만들기 모임'을 만들었다.

결국 나는 치열하게 사는 사람이 아니라, 즐겁고 쉽게 살기 위해 치열하게 노력하는 사람인 것이다. '뭐가 달라?'라고 생각할 수 있겠지만, 쉬운 일과 재미있는 일은 아무리 해도 지치지 않고, 나를 갉아먹지 않는다. 나의 원칙은 이렇다.

"좋아하는 일을 열심히 하고, 싫어하는 일은 쉽게 만든다."

이 책을 읽으신 분들이 어제보다 오늘 더 치열하게 살기 위해 스스로를 채찍질하지 않았으면 하는 바람으로 쓴 글을 읽고 또 읽으면서 고쳐 쓰다가, 노파심에 이렇게 글을 하나 더 붙이게 되었다. 당신은 지금 부족하니, 지금보다 훨씬 더 노력해야 하며 많은 것을 개선해야만 의미 있는 삶을 살 수 있다고 생각하지 않았으면 좋겠다.

목표가 있는 것은 좋다. 하지만 손에 쥐기 위해 애쓰는 것들은 야속할 만큼 잘 이루어지지 않고, 즐거워서 하는 일은 날로 잘 된다. 즐거워서 하는 일은 결과에 연연하지 않게 된다. 이왕 해야 할 노력이라면, 싫어하는 일을 어떻게든 잘하기 위해 노력하지 말고, 즐겁게 만들기 위해 노력하자. 목표를 이루기 위한 행동들을 늘 하되, 이루어지면 좋고 이루어지지 않아도 괜찮다고 생각해보자.

목표를 이루면 행복할 수도 있지만, 생각보다 행복하지 않을 수도 있다. 하지만 목표에 강하게 집착하는 순간 인생은 반드시 불행해진다. 언젠가 목표가 이루어지는 날을 상상하며 그저 즐겁게 오늘 해야 할 일을 하자. 나는 이 책을 읽고 행복해질 누군가를 상상하며 즐겁게 글을 썼다. 글 쓰는 순간들이 감사하고 즐거웠기에, 가벼운 마음으로 펜을 내려놓는다.

2020년 12월

류한빈

새로운
저녁 생활을 위한
플래너

〔 📅 만다라트 플래너 〕

오늘부터 생산적인 저녁을 보내고 싶지만 무엇부터 시작해야 할지 모르겠다면 먼저 목표부터 정리해보자. 만다라트 플래너는 목표를 위한 행동의 청사진을 그리는 도구다.

작성 방법

① 자신이 이루고 싶은 가장 큰 목표 주제를 정해서 중간에 적는다.

   (ex. '새해 목표', '건강한 몸 만들기' 등.)

② 큰 목표를 8가지 카테고리로 나눈다.

   (ex. '새해 목표'가 주제라면 '인간관계', '자기계발', '업무 능력 향상' 등.)

③ 8가지 목표를 이루기 위한 행동 단위의 일을 적는다.

＊구체적인 작성법은 90p 참고.

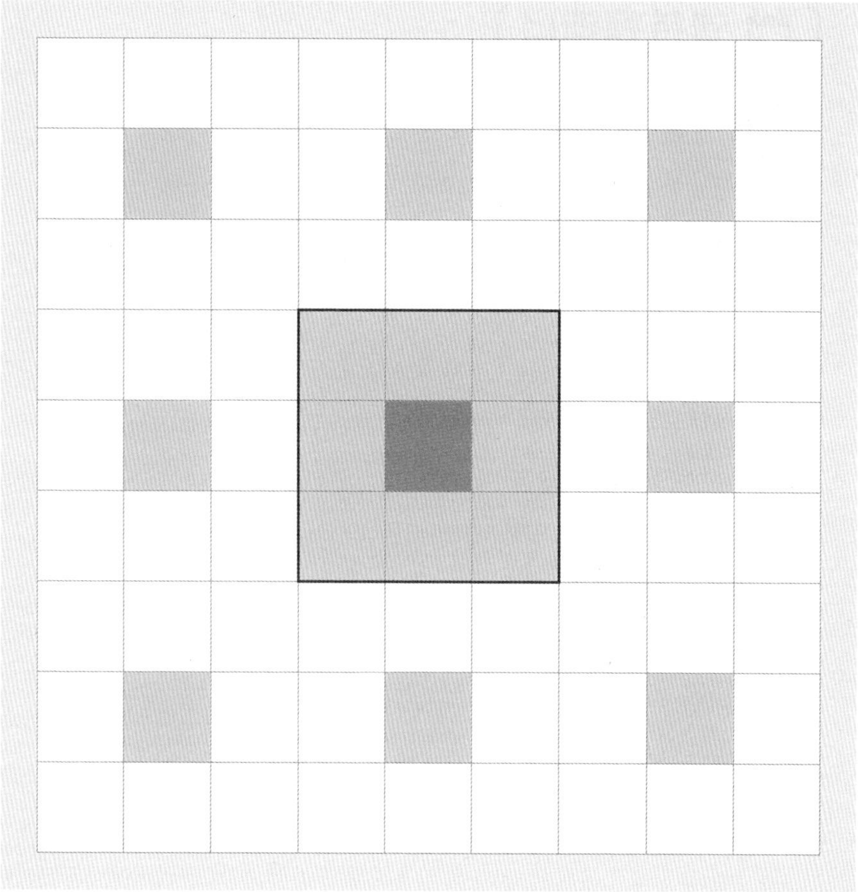

[📅 액션 플래너]

만다라트 플래너에서 정리한 목표 중 조금 더 체계적인 행동 계획이 필요한 목표는 액션 플래너를 활용해 구체화해보자. 어떤 행동들이 모여 목표로 나아갈 수 있는지 정리할 수 있다.

작성 방법

① Goal에 자신이 이루고 싶은 목표를 쓴다.

② By when에 목표의 마감 일자를 정한다.

③ How에는 목표 달성을 위해 어떤 전략과 태도를 세울 것인지에 대해 쓴다.

④ 액션 플랜에 목표 달성을 위해 해야 할 구체적인 행동들을 적고 우선순위대로 번호를 매긴다.

⑤ 시작일과 종료일을 정한다.

⑥ Goal achieved에는 목표를 최종 달성한 날짜를 쓴다.

＊구체적인 작성법은 94p 참고.

ACTION PLANNER

Goal

- By when?
- How?

우선순위	액션 플랜	시작일	종료일
	●		
	●		
	●		
	●		
	●		
	●		
	●		
	●		
	●		
	●		
	●		
	●		

Goal achieved

〔 📅 이브닝 플래너 〕

저녁 시간을 위한 루틴 시간표를 만들어보자. 가능하다면 일
정한 시간대에 같은 일을 할 수 있도록 계획하는 것을 추천한
다. 앞서 정한 목표를 중심으로 정해도 좋고, 운동이나 독서처
럼 저녁에 체계적으로 꾸준히 하고 싶은 일을 시간대별로 정
리해도 좋다.

작성 방법

① 처음 작성할 땐 아웃라인만 잡는다고 생각하고 대강 잡는다.

② 며칠간 실천해보면서 순서를 수정한다.

③ 시간표는 할 일을 정리하기 위한 것이므로 정시에 딱 맞춰야 한다는

강박을 느끼기보다 유연하게 적용한다.

＊구체적인 작성법은 132p 참고.

EVENING PLANNER

Time table

	MON	TUE	WED	THU	FRI
17:00					
18:00					
19:00					
20:00					
21:00					
22:00					
23:00					
24:00					

〔 📅 데일리 플래너 〕

시간 관리가 필요한 사람에게 꼭 필요한 사후 기록형 플래너다. 직전 1시간마다 방금까지 한 일을 기록하는 방식이다. 꾸준히 기록하다 보면 내가 시간을 어떻게 사용하고 있는지 알 수 있으며 새로운 일을 할 시간도 확보할 수 있다.

작성 방법

① To-Do List는 전날 저녁에 미리 쓴다. 중요도대로 1번부터 차례대로 쓰고, 0번에는 중요하지 않지만 처리해야 하는 잡다한 일을 쓴다.

② Timeline의 왼쪽에는 시간을 정해놓고 진행하는 루틴이나 그날 정해진 약속이나 미팅을 적는다.

③ Today's goal에는 오늘 하루의 다짐을 쓴다.

④ 오늘 하루 1시간마다 무엇을 했는지 Timeline의 오른쪽에 쓴다. 바로바로 쓰기 힘들다면 메모장이나 메신저 기능을 활용해 메모 후 옮겨 쓴다.

⑤ Check에는 중요하게 생각하는 항목들을 넣으면 된다. 운동, 물 섭취, 스트레칭 등을 하루에 몇 번 했는지 체크하는 데 사용한다.

＊구체적인 작성법은 120p 참고.

DAILY PLANNER

Date :

Today's goal

Timeline		To-Do List
06:00		1 ☐
07:00		2 ☐
08:00		3 ☐
09:00		4 ☐
10:00		5 ☐
11:00		6 ☐
12:00		0 ☐
13:00		0 ☐
14:00		0 ☐
15:00		
16:00		Check
17:00		
18:00		○ ○ ○ ○ ○ ○ ○ ○
19:00		
20:00		Check
21:00		
22:00		
23:00		
24:00		

아침이 달라지는
저녁 루틴의 힘

1판 1쇄 발행 | 2021년 1월 13일
1판 5쇄 발행 | 2023년 2월 28일

지은이 | 류한빈
발행인 | 김태웅
기획편집 | 박지호
기 획 | 이주영
디자인 | design PIN
마케팅 총괄 | 나재승
마케팅 | 서재욱, 오승수
온라인 마케팅 | 김철영, 김도연
인터넷 관리 | 김상규
제 작 | 현대순
총 무 | 윤선미, 안서현, 지이슬
관 리 | 김훈희, 이국희, 김승훈, 최국호

발행처 | (주)동양북스
등 록 | 제2014-000055호
주 소 | 서울시 마포구 동교로22길 14 (04030)
구입 문의 | 전화 (02)337-1737 팩스 (02)334-6624
내용 문의 | 전화 (02)337-1739 이메일 dymg98@naver.com
네이버포스트 | post.naver.com/dymg98
인스타 | @shelter_dybook

ISBN 979-11-5768-683-4 03190